대학생을 위한 자기이해 및 진로개발 탐험서

신인재의 진로 찾기

조설희 저

Finding the Career Path for University Students

학지사

본 저서는 교육부 및 한국연구재단의 대학혁신지원사업 연구결과로 수행되었음.

머리말

 진로는 전 생애에 걸친 자기개념의 발달과정이다. 또한 진로는 우리 일생을 통해 걸어가는 삶의 길이다. 진로라는 길을 어떻게 걸어가면 좋을까? 이는 우리 삶을 행복으로 안내할 매우 중요한 질문이다. 그러나 우리는 이런 질문에 대한 답을 진지하게 고민할 여유를 갖지 못하고 오늘의 삶을 살고 있다. 중·고등학생 시기에는 공부하느라, 대학생 시기에는 취업을 준비하느라, 직업인이 되어서는 주어진 과업을 수행해 나가느라 시간이 없다. 그렇게 주어진 삶을 열심히 살아가다 문득 지금 행복한 삶을 살고 있는지 질문을 받는다면 어떻게 답을 할 수 있을까?

 행복한 삶을 살아가기 위해 지금의 내가 할 수 있는 것은 먼저 자신이 누구인지를 알아 가는 것이다. 자신이 누구인지 안다는 것은 무엇에 흥미를 갖고 있는지, 적성은 무엇인지, 무엇을 좋아하는지, 어떤 일을 할 때 시간이 흐르는지도 모르고 몰입을 하는지, 어떤 일을 할 때 스스로 잘한다는 느낌이 드는지, 어떤 일을 할 때 즐거운지, 어떤 일을 할 때 행복한지와 같은 것을 알고 표현할 수 있다는 것이다. 오늘날 대학생은 대학생활을 좋은 곳에 취업하기 위한 수단으로 여겨 좋은 학점을 얻고 스펙을 쌓는 데 대부분의 시간을 사용하고 있다. 그 결과 자신이 어떤 사람이고, 어떤 삶을 원하는지 탐색할 시간을 확보하지 못해 우리가 꿈꾸는 행복한 삶과는 거리가 멀어지게 된다.

 『신인재의 진로 찾기』는 자신이 누구인지 알고, 이를 바탕으로 자신의 인생을 설계해 나가도록 안내하여 궁극적으로 행복하게 살 수 있도록 도움을 주는 데 목적이 있다. 이를 위해 이 책은 자기이해와 진로개발의 내용을 포괄하는 대학생활적응, 자기탐색, 진로탐색, 진로설계, 진로준비 및 취업준비의 여섯 개 영역으로 구성되어 대학생 시기에 진로개발에 도움을 줄 수 있는 내용을 담고 있다. 또한 총 13장으로 구성하여 대학에서 진로관련 교과목의 한 학기 교재로 활용할 수 있도록 하였다. 각 장은 이론적 설명과 함께 각 장의 내용을 자신에게 적용해 볼 수 있도록 활동지를 제공하고 있다. 이 활동지를 통해 학습내용의 내면화와 자기탐색을 통한 진로개발이 가능할 것이다.

첫째 영역인 대학생활적응 영역은 이 책에 대한 간략한 소개와 더불어 대학생으로서 진로준비를 어떻게 할 것인지에 대한 설명으로 구성되어 있다. 둘째 영역인 자기탐색 영역은 다양한 심리검사를 통해 자기이해를 도와주고, 의사소통 및 대인관계 기술을 중심으로 건강한 사회 구성원으로 성장할 수 있는 내용으로 구성되어 있다. 셋째 영역인 진로탐색 영역은 자신의 전공에 대한 심층적 탐색, 전통적 의미의 직업과 미래의 직업세계의 변화를 예측하고 이를 바탕으로 직업관련 정보를 탐색하는 방법을 안내하고 있다. 넷째 영역인 진로설계 영역은 진로의사결정을 위해 합리적 의사결정 방법을 소개하고, 자신의 진로목표를 수립해 보고 실천하는 과정에서 경험하게 될 진로장벽을 미리 예측하고 해결해 볼 수 있는 내용으로 구성되어 있다. 다섯째 영역인 진로준비 영역은 구체적인 직업을 탐색하고 그 직업에서 요구하는 역량을 중심으로 자신의 역량개발계획을 수립해 보고, 비전을 수립해서 희망하는 진로를 구체화시킬 수 있는 내용으로 구성되어 있다. 마지막 영역인 취업준비 영역은 대학생 시기에서 다양한 진로이동의 방향 중 취업을 준비하기 위한 가장 기초적인 내용인 이력서, 자기소개서, 면접 준비와 관련된 내용을 다루고 있다.

이 책의 주요 독자는 대학생이 될 것이다. 이 책을 통해 막연하게 불투명한 미래를 준비해야 하는 대학생이 자신의 적성과 흥미를 발견하고, 이를 바탕으로 자신의 진로를 탐색하고, 직업세계로의 이행에 성공하여 궁극적으로 행복한 삶을 영위하는 데 도움을 얻을 수 있기를 바란다.

이 책을 집필하느라 수개월 동안 얼굴도 제대로 보여 주지 못했지만 엄마를 늘 자랑스러워하고 응원해 주는 아들 희찬과 딸 희송이와 바쁜 아내를 적극적인 외조로 도와준 남편 김대헌 씨에게 고마운 마음을 전하고 싶다. 아울러 바쁜 딸과 며느리를 이해해 주고 지지해 주신 양가 어른들께도 감사를 드린다. 또한 이 책을 집필할 수 있도록 환경을 제공해 주고 지원을 아끼지 않았던 경일대학교 대학혁신지원사업단과 교육과정혁신센터에게 감사의 마음을 전한다. 끝으로 이 책을 출판하도록 도와주신 학지사 관계자분들과 이 책과 함께 오늘도 열심히 진로 찾기에 매진할 독자 여러분께 깊이 감사드린다.

2021년
조설희 드림

차례

01

신인재의 첫걸음

1. 오리엔테이션

2. 왜 대학일까

3. 우리 대학 완전정복

학습 목표

- 나의 진로에서 대학교육이 필요한 이유를 설명할 수 있다.
- 우리 대학의 교육목적 및 인재상 실현을 위한 핵심역량을 설명할 수 있다.
- 역량개발을 위해 우리 대학에서 제공하는 다양한 교육서비스를 활용할 수 있다.

01 신인재의 첫걸음

① 오리엔테이션

1) 신인재의 진로 찾기 개요

진로는 전 생애에 걸친 자기개념의 발달을 의미한다. 대학생 시기는 학업에서 취업으로 넘어가는 과도기로 진로선택과 결정이라는 주요한 과업을 수행해야 하는 중요한 시기이다. 행복한 삶을 영위하기 위해서 대학생 시기에는 직업세계 탐색을 통한 구체적인 진로계획 수립, 이에 따른 진로준비행동을 수행해야 한다. 그러나 대학입시라는 큰 관문을 앞둔 중등학교에서는 진로교육은 진학지도의 테두리를 벗어나지 못한 채 사용되어 왔다. 또한 진로라는 교과목이 신설되면서 진로교육이 보급되었다고 하지만, 그 또한 진로교육을 직업선택을 위한 직업교육에 머무르고 있는 실정이다.

『신인재의 진로 찾기』는 대학에 진학한 학생이 대학생활을 통해 성공적인 진로개발을 할 수 있도록 도와주는 데 목적이 있다. 이를 위해 이 책은 대학생활적응, 자기탐색, 진로탐색, 진로설계, 진로준비 및 취업준비의 여섯 가지 영역으로 구성되어 있으며 이를 통해 자신의 적성과 흥미를 발견하고, 이를 바탕으로 진로를 탐색하고, 직업세계로 이행에 성공할 수 있도록 안내한다.

『신인재의 진로 찾기』를 통해 각 대학에서 추구하는 인재상을 실현하는 훌륭한 인재로 성장할 수 있기를 바란다.

2)『신인재의 진로 찾기』학습내용

『신인재의 진로 찾기』는 다음과 같이 구성되어 있다.

〈표 1-1〉 『신인재의 진로 찾기』 주요 학습내용

장	영역	주제	주요 학습내용
1	대학생활 적응	신인재의 첫걸음	• 교과목 소개 • 진로개발에 도움을 받을 수 있는 학내 기관
2	자기탐색	내가 나를 만날 때	• 진로관련 심리검사 실시 • 자기이해
3	자기탐색	내가 우리를 만날 때	• 건강한 대인관계 • 행복한 의사소통 • 사회적 역할 • 역할갈등
4	진로탐색	전공으로의 여행	• 전공 관련 정보수집 • 전공 분야의 진로
5	진로탐색	변화하는 직업세계	• 전통적 의미의 직업 • 4차 산업혁명시대의 직업세계 변화
6	진로탐색	직업정보의 효과적 탐색	• 직업정보 탐색 방법 • 좋은 정보 선별하기
7	진로설계	그래! 결심했어!!	• 진로 미결정 • 합리적 의사결정
8	진로설계	인생설계	• 미래의 나의 모습 • 목표설정 및 시간관리
9	진로설계	진로장벽을 만났을 때	• 진로장벽의 이해 • 진로장벽에 맞서는 나의 자세
10	진로준비	직업과 역량	• 직업세계에서 원하는 역량 • 역량개발계획 수립
11	진로준비	비전과 직업	• 희망직종 탐색
12	진로준비	비전과 삶	• 나의 핵심가치 • 비전선언문 작성
13	취업준비	취업의 세계로	• 이력서, 자기소개서 작성 • 면접 준비

[활동지 1-1]

신인재의 진로 찾기

학과		학년		학번		성명	

• 나에게 진로 찾기란?

• 나의 진로 찾기 이력이야기 　– 진로 찾기와 관련된 나의 과거(유·초등·중등·대학생활) 이야기(생각) 　– 나와 진로 찾기와의 관계

• 진로 찾기 학습 동기

• 나의 미래(졸업 후 모습)

• 신인재의 진로 찾기 학습에 임하는 자세

② 왜 대학일까

1) 대학교육의 목적

대학은 인격을 도야하고 국가와 인류사회의 발전에 필요한 심오한 학술이론과 그 응용방법을 가르치고 연구하며, 국가와 인류사회에 이바지함을 목적으로 하는 고등교육기관이다(「고등교육법」 제38조). 1930~1940년대 이전까지 대학은 이러한 목적을 실현하기 위한 지식의 상아탑이자 소수를 대상으로 한 최고수준의 고등교육기관으로서의 위상을 지녔다. 이러한 맥락에서 전통적으로 대학의 기능을 교육, 연구, 봉사로 설명한다. 교육의 목적은 인재양성이고 연구의 목적은 학문의 발전이며, 봉사의 목적은 사회발전이다. 즉, 대학은 교육 · 연구 · 봉사의 기능을 통해 고유의 목적을 달성하여야 한다.

그러나 사회가 급속도로 변화하고 대학교육 기회가 확대되면서 대학교육에 대한 인식전환이 일어났다. 대학교육은 더 이상 소수를 대상으로 하는 교육이 아닌 다수를 대상으로 고등교육을 제공하는 보편교육으로 인식되어 사회에 진출하기 위한 관문으로 자리매김하고 있다. 극단적으로 대학을 '취업양성소'라는 표현을 사용하기도 하는데, 이는 대학교육이 보통교육으로 전환되면서 교육의 최종 목적이 취업인 것처럼 인식되는 것과 맥을 같이한다. 이렇게 대학교육을 바라보는 관점이 변화하면서 대학은 교육, 연구, 봉사의 기능을 넘어서 사회 진출에 필요한 전문지식과 기술을 제공해야 하는 역할까지 감당해야 한다.

사회변화에 따른 대학교육의 변화는 더 이상 거스를 수 없는 현실이 되었다. 오늘날 대학은 저마다 대학에서 이루고자 하는 교육목적을 설정하고, 이를 구체적으로 실현할 수 있도록 교육체계를 갖추고 재학생이 성공적으로 사회에 진출할 수 있도록 다양한 방면으로 지원을 아끼지 않는다.

2) 대학교육과 진로

대학생 시기는 진로에 대한 구체적 결정을 하는 시기이며, 자아정체감을 정립하고 나아가 사회로 진출하기 위한 구체적인 준비를 하는 중요한 시기이다. 그러나 취업문은 극도로 좁아져 대학생의 고민은 날로 증가하고 있다. 또한 오늘날 대학은 각종 평가를 통해 대학교육의 질을 평가받고 있다. 대학 평가에서 취업률을 중요한 지표로 사용하기 시작하고, 사회에서 대학이 취업 준비 기능을 담당하길 기대하기 시작하면서 각 대학은 취업률 제고를 위해 대학의 역량을 집중하고 있다. 취업률은 대학 평가의 기준으로 삼는 것에 대해 대학의 목적과 기능에 대한 근본적인 문제제기와 논의가 끊임없이 이루어지고 있지만, 대학의 진로교육 필요성과 중요성을 환기하는 관점에서는 긍정적인 작용을 하기도 한다.

일반적으로 대학의 취업진로교육은 취업정보제공, 기업설명회, 구직기술 훈련 등 취업률 향상과 직접적인 상관이 있는 프로그램을 제공하는 데 그치고 있다. 이는 취업 준비에 단기적으로 필요한 기술 향상에 기여할 수는 있어도 인생 전반에 걸쳐 자기개념을 발달시키고 사회로 진출하기 위한 준비라는 장기적 과제를 해결해야 하는 대학생의 다양한 욕구를 충족시키는 데는 한계가 있다. 따라서 대학에서는 재학생의 진로발달 촉진을 위한 교육과정을 개발하여 교과목을 통해 진로발달을 지원하기도 하고, 다양한 비교과교육프로그램을 개발하여 재학생의 진로개발역량 강화를 지원하고 있다.

읽기자료

캠퍼스 낭만보다 '스펙쌓기'로 바빠

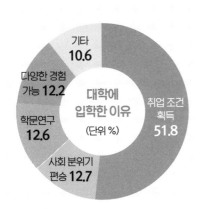

대학에 입학한 이유 (단위 %)
기타 10.6
다양한 경험 가능 12.2
학문연구 12.6
사회 분위기 편승 12.7
취업 조건 획득 51.8

○ 대학에 입학한 이유: 대학생들의 최대 관심사는 첫째도 취업, 둘째도 취업이다. 이를 입증하듯이 대학생들은 대학에 들어온 이유로 지난해에 이어 올해도 '취업에 유리한 조건 획득(51.8%)'을 1순위로 선택했다. 특히 응답비율이 지난해 39.3%에서 51.8%로 껑충 뛰었다. '사회적 분위기에 편승(12.7%)'이 지난해 3위에서 올해 2위로 올라섰다. 대학을 나와 좋은 직장을 얻는 것이 사회에서 성공코스로 불린다. 결국 취업과 사회적 분위기에의 편승은 일맥상통한다. 이어 3위는 학문연구(12.6%), 4위는 다양한 경험 가능(12.2%)이다. 신분상승 기회 확보(4.3%), 부모의 권유(3.6%), 인간관계 확대(1.2%) 등도 답변으로 등장했다.

……(중략)……

○ 취업하고 싶은 기업의 형태: 대학생들은 지난해와 마찬가지로 올해도 공기업을 취업 선호도 1위로 선택했다. 지난해 공기업 선호도는 29.7%, 올해 공기업 선호도는 26.2%다. 비율은 낮아졌지만 선호도는 여전하다. 공기업은 정년 보장에 따른 직업 안정성과 대기업 못지

않은 처우가 최대 장점이다. 특히 직장인에게 '워라밸('워크 앤 라이프 밸런스, Work and Life Balance'의 약어로 일과 삶의 균형을 의미)'은 꿈이자 목표다. 공기업은 워라밸을 실현할 수 있는 최적의 직장으로 꼽힌다. 공기업에 이어 전문직(25%)이 2위, 대기업(23.8%)이 3위를 차지했다. 지난해에는 대기업이 2위(26%), 전문직이 3위(24.2%)였다. 4위는 공무원(17.5%)이다. 공무원은 지난해와 순위가 동일하지만 선호도 비율은 지난해 11.1%에서 올해 17.5%로 6.4%p 상승했다.

○ 직업 선택의 조건: 대학생들은 직업 선택 조건으로 급여를 최우선으로 꼽았다. 선호도는 28.7%로 지난해에 이어 올해도 급여가 27.6%로 1위에 올랐다. 2006년 조사결과와 양상이 완전히 다르다. 당시 응답자의 25.4%가 직업 선택의 1순위 조건으로 적성과 능력을 선택했다. 그러나 이제 급여가 1위 자리를 굳히고 있다. 시대상과 사회상 변화가 반영된 결과다. 급여에 이어 안정성(22.6%)이 2위를 기록했다. 직업 선택 조건의 1순위 급여, 2순위 안정성이라는 조사결과는 공기업이 대학생들의 선호 기업 1위로 꼽힌 이유와 직결된다. 적성과 능력(15.6%)이 3위를 차지했다. 적성과 능력을 선택할 경우 대기업보다 중소기업, 또는 창업을 선택할 가능성이 높다. 직장 명성과 규모보다 자신의 능력 실현 여부를 더욱 중시하기 때문이다. 4위는 근무 분위기(12.9%)로 나타났다. 근무 분위기는 사내 문화, 상사 스타일 등 다소 포괄적인 개념이다. 현재 대학생들이 Z세대라는 점에서 권위적·일방적·폐쇄적 근무 분위기보다 수평적·자율적·개방적 근무 분위기가 선호받고 있다. 이에 기업들이 근무 분위기 쇄신에 공을 들이고 있다. 이어 미래 성장 가능성(7.1%), 복지후생제도(6%), 자기개발기회 부여(2.6%), 공정한 인사제도(2.3%), 인지도(2%) 순으로 조사됐다.

출처: 한국대학신문(http://news.unn.net). 2019. 10. 24.

[활동지 1-2]

대학에 대한 나의 생각

질문	나의 생각
나는 왜 대학에 진학했나?	
나는 대학에서 무엇을 얻고 싶은가?	
고등학교와 대학을 비교하면?	
대학 졸업 후 나는 어떤 삶을 살고 있을까?	

③ 우리 대학 완전정복

진로 찾기에 앞서 자신의 속한 대학의 역사를 아는 것은 중요하다. 진로란 삶의 여정을 의미하는 말로 자기가 누구인지 이해하는 것에서 출발한다. 자기이해를 위해 자신이 속한 대학에 대해 알아야 하는 것은 어쩌면 당연한 일일지도 모른다.

진로 찾기에 앞서 살펴보아야 할 우리 대학의 정보에는 어떤 것들이 있을까?

첫째, 우리 대학의 역사이다. 우리 대학이 어떤 역사를 가지고 변화하고 발전해 왔을까? 우리 대학의 변천사를 통해 대학 구성원으로서의 정체감을 형성하는 데 도움을 얻을 수 있다.

둘째, 우리 대학의 교육 목적에 대한 이해이다. 각 대학은 건학이념 아래 교육 이념을 두고 이를 실현하기 위한 교육 목적을 두고 있다. 우리 대학의 교육 목적 실현을 위한 교육 목표를 탐색하고 그 대학이 추구하는 인재상 및 비전을 탐색하면서 자신이 속한 대학의 훌륭한 교육을 받으며 인재로 성장할 수 있을 것이다.

셋째, 우리 대학에서 운영되고 있는 비교과교육과정에 대한 이해이다. 비교과교육과정이란 정규교육과정에서 편성되지 않은 교육과정을 의미하는 것으로 학생역량강화를 위해 개설되는 다양한 교육프로그램을 의미한다. 각 대학에서는 재학생의 핵심역량을 강화하기 위해 교양 및 전공 교육과정 외 비교과교육과정을 운영하며 다양한 비교과교육 프로그램을 제공한다.

셋째, 자신이 속한 대학의 각종 교육관련 제도에 대한 이해이다. 각 대학에서는 비전과 교육 목적을 수립하고, 대학이 추구하는 인재를 양성하기 위해 다양한 교육제도를 마련하고 있을 것이다. 이를테면, 각종 장학제도, 졸업인증제도, 인재선발제도, 학사제도 등이다. 또한 각 대학은 지원제도를 운영하기 위해 학생의 활동에 대한 이력을 관리해 주는 포털플랫폼, 학습지원을 해 주는 학습관리 플랫폼 등을 운영하기도 한다.

우리 대학의 관련 각종 정보를 찾아보는 가장 쉬운 방법은 학교 홈페이지를 확인하는 것이다. 학교의 역사부터 우리에게 주는 각종 혜택까지 학교 홈페이지를 통해 자신이 속한 대학에 관한 다양한 정보를 탐색할 수 있다. 이렇게 자신이 속한 대학에 대한 역사, 제도 등을 이해하고 학교에서 제공하는 다양한 교육 서비스를 적극적으로 이용한다면 자신의 진로를 찾아가는 데 도움이 될 것이다.

[활동지 1-3]

우리 대학 완전정복

질문	답변
우리 대학의 변천사는?	
우리 대학의 교육 목적은?	
우리 대학 인재상은?	
우리 대학의 핵심역량은?	
우리 대학에서 제공하는 마일리지 제도가 있다면 마일리지 제도의 이름과 장학혜택은?	
우리 대학의 다양한 장학혜택 중 내가 받을 수 있는 장학혜택은?	
우리 대학에서 비교과 프로그램을 제공하는 기관과 제공하는 프로그램은?	

[활동지 1-4]

우리 대학 활용 계획서

질문		답변		
비교과	방문해 보고 싶은 비교와 운영 기관			
	위치 (건물명, 호실)			
	참여해 보고 싶은 프로그램			
	참여하고 싶은 이유			
	방문 예정일			
학교 홈페이지	확인하고 싶은 정보			
	정보를 제공해 주는 URL			
	확인하고 싶은 이유			
	방문 주기			

[활동지 1-5]

나의 진로유형 찾기

이 설문지는 여러분의 진로성숙정도를 알아보는 설문입니다. 모든 질문에는 정답이 없으므로 솔직하게 답변해 주시면 됩니다. 처음부터 끝까지 한 문항도 빠짐없이 응답해 주세요.

1. 진로결정수준

다음에 제시된 문항은 여러분의 진로가 어느 정도 결정되어 있는지를 알아보기 위한 것입니다. 각 문항을 읽고 자신에게 가장 적합하다고 생각되는 번호에 ✓ 해 주세요.

번호	문항	전혀 그렇지 않다	그렇지 않다	다소 그렇다	매우 그렇다
1	나는 장래 직업을 결정했으며, 그 결정에 대해 편안함을 느끼고 어떻게 수행해 나갈지를 알고 있다.	1	2	3	4
2	나는 현재의 내 전공에 편안함을 느끼고 어떻게 수행해 나갈지를 알고 있다.	1	2	3	4
3	나에게 재능이 있고 기회도 주어진다면 나는 ○○○이 될 수 있다고 믿지만, 실제로 그것은 불가능한 일이다. 그리고 나는 대안을 생각해 보지도 않았다.	4	3	2	1
4	나는 똑같이 호감이 가는 직업 중에서 하나를 결정하느라고 애를 먹고 있다.	4	3	2	1
5	결국 직업을 가져야 하지만 내가 아는 어떤 직업에도 호감을 느끼지 못한다.	4	3	2	1
6	나는 ○○○이 되고 싶지만, 가족이나 친지들의 생각과 다르기 때문에 당장 진로결정이 어렵다. 내 자신과 그들의 생각이 일치되는 직업을 발견하고 싶다.	4	3	2	1
7	경험이 별로 없고 또 당장 진로 결정을 할 정도의 충분한 정보가 없기 때문에 혼란스럽다.	4	3	2	1
8	진로선택에 관한 모든 것이 너무 모호하고 불확실해서 당분간 결정하는 것을 보류하고 있다.	4	3	2	1
9	나는 내가 어떤 진로를 원하는지 알고 있다고 생각했지만 최근에 그것을 추구하는 것이 불가능하다는 것을 알게 되었다. 그래서 이제 가능한 다른 진로를 모색하려고 한다.	4	3	2	1
10	나의 진로선택에 확신을 갖고 싶지만 내가 아는 어떤 진로도 나에게 이상적으로 생각되지 않는다.	4	3	2	1

번호	문항	전혀 그렇지 않다	그렇지 않다	다소 그렇다	매우 그렇다
11	진로선택을 해야 한다는 것이 부담스럽기 때문에 빨리 결정해버리고 싶다. 내가 어떤 진로를 선택해야 할지 알려 줄 수 있는 검사를 받고 싶다.	4	3	2	1
12	나의 전공 분야가 내가 만족할만한 진로를 제공해 줄 수 있는지 잘 모르겠다.	4	3	2	1
13	나는 나의 적성과 능력을 잘 모르기 때문에 진로 결정은 당장 할 수 없다.	4	3	2	1
14	나는 나의 관심분야가 어떤 것인지 잘 모른다. 흥미를 끄는 분야가 몇 가지 있지만 나의 진로 가능성과 어떤 관계가 있는지 모르겠다.	4	3	2	1
15	나는 많은 분야에 관심이 있으며 어떤 진로를 선택하든지 잘할 수 있다는 것을 안다. 그러니 내가 원하는 하나의 직업을 찾기가 힘들다.	4	3	2	1
16	나는 진로 결정을 했지만 그것을 어떻게 수행해 나갈지 확실하지 않다. 내가 선택한 ○○○이 되기 위해 어떤 준비가 필요한지 모르겠다.	4	3	2	1
17	진로 결정을 하기 전에 여러 가지 직업에 관해 더 많은 정보가 필요하다.	4	3	2	1
18	나는 어떤 직업을 선택해야 할지 알고 있지만 결정을 내리기 위해서는 남의 도움이 필요하다고 느낀다.	4	3	2	1

2. 진로준비행동

다음에 제시된 문항은 현재 여러분의 진로준비행동에 대한 정보를 알아보기 위한 것입니다. 각 문항을 읽고 자신에게 가장 적합하다고 생각되는 번호에 ✓ 해 주세요.

번호	문항	전혀 그렇지 않다	그렇지 않다	다소 그렇다	매우 그렇다
1	나는 지난 몇 주 동안 친구들과 나의 적성 및 앞으로의 진로에 대해 이야기를 나눈 적이 있다.	1	2	3	4
2	나는 지난 몇 주 동안 부모님과 나의 적성 및 앞으로의 진로에 대해 이야기를 나눈 적이 있다.	1	2	3	4
3	나는 지난 몇 주 동안 교수님과 나의 적성 및 앞으로의 진로에 대해 이야기를 나눈 적이 있다.	1	2	3	4
4	나는 지난 몇 주 동안 내가 관심을 가지고 있는 직업이나 진로와 관련된 책이나 팜플렛을 구입하거나 읽어 보았다.	1	2	3	4

번호	문항	전혀 그렇지 않다	그렇지 않다	다소 그렇다	매우 그렇다
5	나는 지난 몇 주 동안 내가 관심을 가지고 있는 직업이나 진로와 관련된 교육기관이나 교육훈련 프로그램 등에 대한 안내책자나 팜플렛 등을 구입하거나 읽어 보았다.	1	2	3	4
6	나는 지난 몇 개월 동안 내가 관심을 가지고 있는 직업이나 진로에 관련된 기관을 직접 방문해 보았거나 방문계획을 세운 적이 있다.	1	2	3	4
7	나는 지난 몇 개월 동안 내가 관심을 가지고 있는 직업이나 진로에 관련된 TV프로그램, 전시회, 설명회 등을 시청하거나 참관한 적이 있다.	1	2	3	4
8	나는 지난 몇 개월 동안 내가 관심을 가지고 있는 직업이나 진로에 관련된 자료를 인터넷을 통해 탐색해 보았다.	1	2	3	4
9	나는 지난 몇 개월 동안 내가 관심을 가지고 있는 직업이나 진로분야로 진출하기 위한 자격 요건이 무엇인지 구체적으로 알아본 적이 있다.	1	2	3	4
10	나는 지난 몇 개월 동안 내가 관심을 가지고 있는 직업이나 진로에 관련된 전문가들과 이야기를 나누어 본 적이 있다.	1	2	3	4
11	나는 지난 몇 개월 동안 내가 관심을 가지고 있는 직업이나 진로분야에 직접 종사하고 있는 사람들과 이야기를 나누어 본 적이 있다.	1	2	3	4
12	나는 지난 몇 개월 동안 진로문제를 상담하기 위해 진로개발팀 또는 학생상담센터 등 상담기관을 방문한 적이 있다.	1	2	3	4
13	나는 지난 몇 개월 동안 나의 적성과 흥미, 성격 등을 정확히 알아보기 위해 검사를 받아 본 적이 있다.	1	2	3	4
14	나는 앞으로 내가 관심을 가지고 있는 직업(진학)에 입문하기 위해 필요한 교재 또는 기자재 등을 구입하였다.	1	2	3	4
15	나는 앞으로 내가 관심을 가지고 있는 직업(진학)에 입문하기 위해 이미 구입한 교재 또는 기자재 등을 가지고 구체적으로 진로준비를 하고 있다.	1	2	3	4
16	나는 앞으로 내가 관심을 가지고 있는 직업(진학)에 입문하기 위해 학원 등에 다니면서 준비를 하고 있다.	1	2	3	4
17	나는 앞으로 내가 관심을 가지고 있는 직업(진학)에 대해 여러 가지 정보[취업(진학)방법, 보수, 전망 등]를 수집하거나 정보수집에 대한 계획을 세우고 있다.	1	2	3	4
18	나는 내가 정한 진로목표를 달성하기 위해 수행한 일들을 항상 체크하고 있으며 앞으로도 할 일들에 대해 구체적으로 계획을 세우고 있다.	1	2	3	4

* 출처: 황지영(2015). 대학생의 진로준비행동과 관련 변인간의 구조적 관계. 박사학위논문. 계명대학교.

※ 검사 채점 방법: 각 문항에 체크한 점수의 합계를 다음에 기입한 후 다음 매트릭스를 참고해서 자신의 유형을 찾아보세요.

진로결정수준 점수	진로준비행동 점수	나의 진로유형

※ 진로유형에 대한 설명은 제2장에 나와 있다.

02

내가 나를 만날 때

학습 목표

- 과거에 이루어진 선택이 현재의 나를 만들었음을 알고, 원하는 미래를 만들기 위해 현재 어떤 선택을 해야 할지 설명할 수 있다.

- 진로결정수준과 진로준비행동을 통해 자신의 진로유형을 살펴보고, 진로성숙을 위해 실천해야 할 일 세 가지 이상을 말할 수 있다.

- 나의 적성과 흥미를 알고, 진로분야를 정할 수 있다.

02 내가 나를 만날 때

1 내가 알고 있는 나

진로설계에 있어서 자신을 아는 것은 무엇보다 중요하다. 지금 이 순간에도 '나는 누구인가?'를 생각하는 사람이 있다면 성공한 인생을 살아가고 있다고 할 수 있다. 왜냐하면 지금까지 살아온 삶을 돌아본다는 것은 행복을 위한 다짐이기도 하기 때문이다. 과거가 없는 삶은 존재할 수 없고, 과거를 통해 현재를 인정하고 자신의 삶을 점검하며 미래를 설계해야 한다.

이를 위해 우리는 어린 시절을 돌아보며, 인생의 순간순간 어떤 결정을 했는지 살펴보면서 오늘날 자신의 모습을 이해하고, 이를 통해 미래를 설계할 수 있다. 그러나 우리는 부모님, 선배, 교수님, 친구 등 타인에 의존한 채 나를 발견하려고 하는 경향이 있다. 오히려 그들은 나를 제대로 알지 못할 가능성이 높으며, 이들에게 나의 진로를 결정해 달라고 요청하는 것에도 한계가 있다. 나 스스로 내가 갖고 있는 자원, 역량, 환경 등을 객관적으로 이해하고 내가 가진 기대, 요구, 상황 등을 고려해서 최선의 선택을 해야 할 것이다.

따라서 이번 장에서는 과거에 내가 선택한 일들이 오늘의 나를 만든 것임을 이해하고, 내가 원하는 삶을 살기 위해 현재 나는 어떤 선택을 해야 하는지 살펴보고자 한다.

[활동지 2-1]

나의 과거는?

※ 지금의 내가 존재하는 데에 영향을 준 중요한 사건을 시기별로 떠올려 보고, 다음 질문에 답해 보세요.

시기	가장 중요한 사건	그때 가장 중요했던 타인	그 타인에게 받았던 영향력	이유
0~7세				
8~13세				
14~16세				
17~19세				

* 출처: 김미옥, 김서영, 최정아(2019). 자기계발과 인생설계. 서울: 학지사.

[활동지 2-2]

나는 나에 대해 얼마나 알고 있나?

※ 다음은 나에 대해 얼마나 알고 있는지를 점검해 볼 수 있는 질문지입니다. 다음 질문에 답해 보세요.

질문	내용
나의 이름	답변: 이유:
인생의 좌우명	답변: 이유:
내가 존경하는 인물	답변: 이유:
가장 기억에 남는 책	답변: 이유:
가장 좋아하는 노래	답변: 이유:
살면서 가장 기뻤던 순간	답변: 이유:
살면서 가장 실망스러웠던 순간	답변: 이유:
나의 강점	답변: 이유:
나의 약점	답변: 이유:
내가 남들보다 더 쉽게 해내는 일	답변: 이유:

② 나의 진로유형

앞에서는 '내가 바라보는 나'를 중심으로 '내가 알고 있는 나'의 모습을 찾는 활동을 하였다. 이번 장에서는 다양한 심리검사를 통해 좀 더 객관적인 자기이해 및 자기탐색을 실시하고자 한다.

먼저, 제1장의 오리엔테이션 주차에서 실시하였던 두 가지 검사를 바탕으로 여러분의 진로유형을 탐색해 보자. 제1장에서 실시했던 두 가지 검사는 진로결정수준을 알아보는 검사와 여러분이 진로준비를 위한 행동수준을 측정하는 검사이다. 먼저 자신의 결과를 확인해 보자.

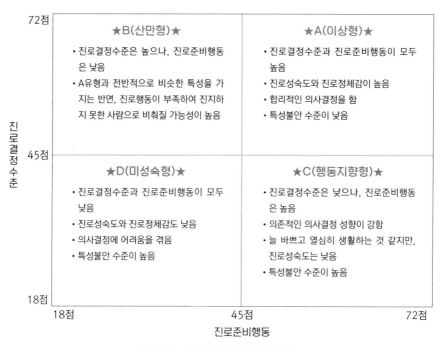

[그림 2-1] 진로유형 매트릭스

◈ **진로결정수준**

진로결정수준은 자신의 진로선택 및 직업선택과 관련한 진로결정과정에서 나타나는 진행수준으로서 미래의 진로에 대한 확고한 정도를 말한다. 진로결정수준은 진로 미결정과 진로 결정을 양극단으로 하는 연속선상의 한 지점을 지칭하며, 점수가 높을수록 진로결정수준이 높은 것을 의미한다.

◈ **진로준비행동**

　진로준비행동은 자신의 진로와 관련한 인지나 태도적 차원이 아닌 실제적이고 구체적인 행위의 차원을 의미한다. 즉, 합리적이고 올바른 진로 결정을 위해서 수행해야 하는 행동 및 진로 결정이 이루어진 이후에 그 결정사항을 시행하기 위한 행동 등을 의미한다.

[활동지 2-3]

진로성숙을 위한 나의 노력

※ 제1장에서 실시했던 진로결정수준과 진로준비행동 검사 결과를 바탕으로 진로성숙을 위해 자신의 다짐을 작성해 보세요.

진로결정수준 점수	진로준비행동 점수	나의 진로유형

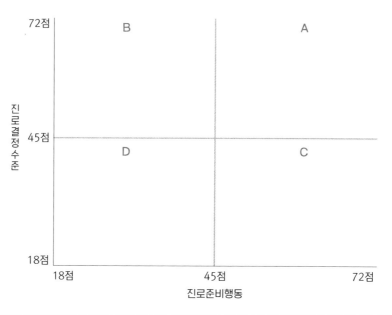

진로성숙을 위한 나의 다짐	
진로결정수준 향상을 위한 다짐	1. 2. 3.
진로준비행동 향상을 위한 다짐	1. 2. 3.

③ 적성과 흥미

1) 적성

적성이란 특정한 활동이나 작업(직업, 학업 등)을 수행하는 데 능력을 발휘하는 잠재적인 가능성을 말한다. 학업에 대한 적성은 학업성취도로 나타나기도 하는데, 이는 일반적이거나 특수한 지식 또는 기술을 숙달할 수 있는 정도를 가늠할 수 있다. 적성은 일반적인 능력을 말하는 학업적성, 직업적성 등이라 명명하기도 하고, 사무적성, 기계적성, 음악적성, 언어적성, 수리적성 등 기타 세부적인 능력을 말하기도 한다.

이러한 적성은 말 그대로 개인의 성취를 어느 정도 예측할 수 있는 요인으로 사용되기 때문에 자신의 적성을 아는 것은 무엇보다 중요하다고 할 수 있다.

2) 흥미

읽기자료

축구선수 이청용의 도전

이청용이 중학교(중퇴)학력으로 다른 선수들과 차별화된 '메이드 인 코리아' 축구선수로 성장한 비결은 타고난 재능만으로는 설명할 수 없다. 어떤 숨은 노하우가 이청용의 성공 필수요소인지를 살펴보는 것이 필요하다. 그는 훈련일기를 통한 '이미지 트레이닝'을 중시하였다. 그는 훈련 일기를 훈련이 없는 날을 제외하고는 거의 매일 꼼꼼하게 쓰고 있다. 그날그날의 훈련 내용을 자세히 적는 과정을 통해 머릿속에 다시 한번 훈련 내용을 되새기며 자신의 축구성과를 극대화하고 있다. '머리가 좋다' '센스 있다' 등 이청용의 수식어들은 일기장과 펜을 통해 서서히 완성된 것이다. 또한 자신이 하고 싶은 축구에 대한 몰입과 집중력이 이청용의 성공 비결이다. 이청용은 짧은 훈련 시간에 몰입하는 동시에 축구에만 집중하는 생활패턴을 가지고 있었기 때문이다. 이청용의 생활은 훈련과 경기, 휴식이 전부인 것처럼 단순하다. 몰입은 어떤 뚜렷한 목표를 가지고 자신이 좋아하고 하고 싶은 일에 모든 에너지를 집중하는 것이다. 자신을 좋아하고 하고 싶은 일을 찾아 전념하라. 그리하면 자신을 통제할 수 있게 되고, 그 통제할 수 있는 영역에 있을 때 자신이 행복해질 수 있을 것이다.

출처: 김인기(2019). 진로탐색과 미래설계: 행복한 삶을 위한 준비. 경기: 양서원.

흥미는 어떤 일을 하고 싶어 하는 개개인의 성격적 특성을 의미한다. 자신이 좋아하는 일을 찾고, 그것을 직업으로 삼을 수 있다면 그보다 더 큰 복은 없을 것이다. 왜냐하면 인간은 일을 통해서 자아실현을 할 수 있고, 행복을 추구할 수 있기 때문이다. 이번 장에 서는 진로와 관련하여 흥미를 연구한 대표적인 학자인 홀랜드(Holland)의 직업성격유형 을 중심으로 흥미를 살펴보고자 한다.

◈ **홀랜드의 육각형 모형**

홀랜드는 개인의 성격 유형이 진로선택 및 발달에 중요한 영향을 끼친다고 보았다. 여섯 가지 성격유형과 그에 적합한 여섯 가지 기본적 직업환경을 제안한 홀랜드 이론은 다음의 네 가지 가정에 기초한다.

첫째, 대부분의 사람은 여섯 가지 성격유형─실재형(Realistic), 탐구형(Investigative), 예술형(Artistic), 사회형(Social), 기업형(Enterprising), 관습형(Conventional)─중 하나로 구분될 수 있다. 다만, 한 사람이 순수하게 하나의 유형에만 속하는 경우는 드물며, 오히려 한두 가지의 유형이 두드러지게 우세하고 다른 유형들이 부차적으로 섞인 혼합형으로 나타나는 경우가 흔하다.

둘째, 직업 환경 역시 실재형(Realistic), 탐구형(Investigative), 예술형(Artistic), 사회형(Social), 기업형(Enterprising), 관습형(Conventional)의 여섯 가지 유형으로 분류될 수 있다. 이러한 환경유형은 개인이 그 직업에서 일하는 방식에 따라 결정된다.

셋째, 사람들은 자신에게 맞는 작업환경을 찾는다. 즉, 자신의 기술과 능력을 발휘하고, 태도와 가치를 표현하며, 자신에게 맞는 역할을 수행할 수 있는 환경을 찾는다.

넷째, 성격과 환경의 상호작용이 행동으로 나타난다. 개인의 성격유형과 적합한 직업 환경유형을 알면, 진로선택, 근속기간과 직업전환, 성취, 직무만족과 같은 중요한 결과 를 예측할 수 있다.

홀랜드의 이론은 이러한 네 가지 가정에 기초하고 있으므로 개인이 어떤 유형인가에 따라 그에 맞는 직업환경을 선택할 것을 추천한다. 그리고 여섯 가지 성격유형을 다음과 같이 육각형으로 나타내었다.

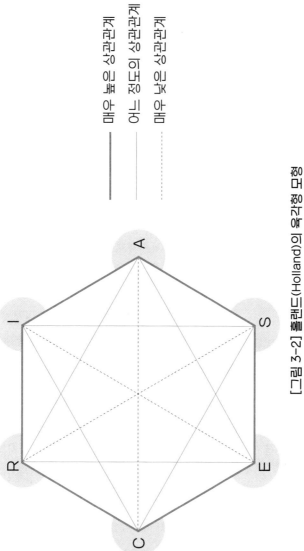

[그림 3-2] 홀랜드(Holland)의 육각형 모형

매우 높은 상관관계
어느 정도의 상관관계
매우 낮은 상관관계

[참고자료]

홀랜드(Holland)의 RIASEC 유형

유형	구분	비고
실재형 (R)	흥미특성	– 분명하고 질서정연하고 체계적인 것을 좋아하며 연장이나 기계를 조작하는 활동 및 기술에 흥미가 있음
	평가	– 사교적 재능보다 손 재능 및 기계적 소질이 있음 – 겸손하고 솔직하지만 독단적이고 고집이 있음 – 기계나 도구들의 조작을 선호함
	성격	– 솔직하고 성실하고, 현실적이고 신중한 성격
	가치	– 눈에 보이는 성취에 대한 물질적 보상
	싫어하는 활동	– 타인과의 상호작용
	직업유형	– 엔지니어, 소방관, 경찰관, 운동선수 등
탐구형 (I)	흥미특성	– 관찰적 · 상징적 · 체계적이며 물리적 · 생물학적 · 문화적 현상의 창조적인 탐구를 수반하는 활동에 흥미가 있음
	평가	– 대인관계보다는 학술적 재능이 있음 – 지적이고 현상학적이며 독립적이지만 내성적임 – 자연 및 사회현상의 탐구, 이해, 예측 및 통제를 선호함
	성격	– 탐구심이 많고, 분석적이고 지적인 성격
	가치	– 지식의 개발과 습득
	싫어하는 활동	– 설득 및 영업활동
	직업유형	– 언어학자, 심리학자, 물리학자, 생물학자, 시장조사 분석가 등
예술형 (A)	흥미특성	– 예술적 창조와 표현, 변화와 다양성을 선호하고 틀에 박힌 것을 싫어하며 모호하고, 자유롭고, 상징적인 활동에 흥미가 있음
	평가	– 사무적 재능보다는 혁신적이고 지적인 재능이 있음
	성격	– 상상력, 감수성이 풍부하고 자유분방하고 개방적이며 독창적임
	가치	– 문화, 음악, 미술활동을 선호함
	싫어하는 활동	– 틀에 박힌 일이나 규칙
	직업유형	– 음악가, 화가, 시인. 카피라이터, 디자인, 배우, 미용사 등

유형	구분	비고
사회형 (S)	흥미특성	−타인의 문제를 듣고 이해하고, 도와주고, 치료해 주고, 봉사하는 활동에 흥미가 있음
	평가	−기계적 능력보다는 대인관계적 소질이 있음
	성격	−이해심 많고 사교적이고 동정적이며 이타적임
	가치	−타인의 복지와 사회적 서비스의 제공
	싫어하는 활동	−기계적·기술적 활동
	직업유형	−상담가, 간호사, 교사, 성직자 등
기업형 (E)	흥미특성	−조직의 목적과 경제적인 이익을 얻기 위해 타인을 지도, 계획, 통제 관리하는 일과 그 결과로 얻어지는 명예, 인정, 권위에 흥미가 있음
	평가	−과학적 능력보다는 설득력 및 영업능력이 있음 −열정적이고 외향적이며 모험적이고 야심이 있음 −설득, 지시, 지도활동을 선호함
	성격	−지배적이고 통솔력과 지도력이 있으며, 외향적이고 낙관적이면서 열정적임
	가치	−금전적 성취와 사업, 정치 영역에서의 권력
	싫어하는 활동	−관찰적이고 상징적이며 체계적인 활동
	직업유형	−CEO, 정치가, 변호사, 영업사원, 언론인 등
관습형 (C)	흥미특성	−정해진 원칙과 계획에 따라 자료를 기록·정리·조직하는 일을 좋아하고 체계적인 작업환경에서 사무적·계산적 능력을 발휘하는 활동에 흥미가 있음
	평가	−예술적인 재능보다는 비즈니스 실무능력이 있음 −안정을 추구하고 규율적임 −규칙을 만들거나 따르는 활동을 선호함
	성격	−정확하고 빈틈없으며, 현실적이고 성실함
	가치	−책임감, 질서와 사회적 관습을 중시
	싫어하는 활동	−명확하지 않은 모호한 과제
	직업유형	−회계사, 경리사무원, 비서, 금융사무원

* 출처: 김인기(2019). 진로탐색과 미래설계: 행복한 삶을 위한 준비. 경기: 양서원.

[활동지 2-4]

홀랜드(Holland) 진로흥미검사를 통해 나를 알기

※ 커리어넷(https://www.career.go.kr)에 방문하여 진로심리검사 > 중·고등학생용 > 직업흥미검사(H)형 검사 실시 후, 다음에 응답하세요.

질문	응답
검사 일시	
검사 결과 육각형	※ 검사 결과표에 제시된 육각형 그림을 캡처해 주세요.
검사 결과 성찰	※ 검사 결과를 보고 평소 자신이 생각했던 흥미와 어떤 부분이 유사하고 어떤 부분이 차이가 있는지 종합적으로 작성해 주세요.
기타 의견	※ 검사 결과를 보고 자신의 진로 탐색을 위해 더 알아보고 싶은 내용이 있으면 자유롭게 작성해 주세요.

[참고자료]

객관적 진로탐색 방법

※ 개인의 특성에 따른 객관적 진로탐색 검사도구를 통해 자신을 이해할 수 있는 대표적인 웹사이트로는 고용노동부에서 운영하는 워크넷과 교육부에서 운영하는 커리어넷이 있다.

워크넷(www.work.go.kr)은 다음과 같은 성인용 심리검사를 무료로 제공하고 있다.

검사 도구	설명	소요 시간
직업선호도검사 S형	개인의 흥미유형을 측정하여 적합한 직업 안내	25분
직업선호도검사 L형	개인의 흥미유형 및 성격, 생활사 특성을 측정하여 적합한 직업 안내	60분
구직준비도검사	구직을 희망하는 사람에게 성공적인 구직 준비가 되어 있는지 알아보고, 적합한 취업지원 서비스를 선택할 수 있도록 정보 제공	20분
창업적성검사	창업을 희망하는 개인에게 창업소질이 있는지 진단 및 업종 추천	20분
직업가치관검사	직업선택 시 중요하게 생각하는 직업가치관을 측정하여 자신의 직업가치를 확인할 수 있도록 하고, 그에 적합한 직업분야 안내	20분
영업직무 기본역량검사	영업직무수행과 관련한 역량을 인성과 적성의 측면에서 측정하여 영업직 분야 직무수행 역량 및 적합분야 제시	50분
IT직무 기본역량검사	IT직무수행과 관련한 역량을 인성과 적성의 측면에서 측정하여 IT직무에 대한 역량 적합도 제시	95분
대학생 진로준비도 검사	대졸 청년층 구직자들을 대상으로 하며, 진로발달수준과 취업준비 행동수준에 대한 객관적인 정보를 바탕으로 효과적인 진로 및 취업선택 지원	20분
성인용 직업적성검사	직업선택 시 중요한 능력과 적성을 진단하여 적합한 직업 분야 제시	80분

커리어넷(www.career.go.kr)은 〈대학생/일반용〉 검사와 〈청소년용〉 검사를 무료로 제공하고 있다.

검사 도구	설명	소요 시간 (문항 수)
진로개발준비도	진로목표 달성을 위해 필요한 사항들에 대한 준비 정도 제시	15분
주요능력효능감검사	직업과 관련된 특정 능력에 대해 스스로의 자신감 정보 제공	20분
이공계전공적합도	대학의 이공계 내 세부전공별 적합도 제시	30분
직업가치관검사	직업과 관련된 다양한 가치 중, 어떤 가치를 주요하게 만족시키고 싶은지 정보 제공	10분
직업적성검사	직업과 관련된 다양한 능력을 어느 정도로 갖추고 있는지 정보 제공	20분
진로성숙도검사	진로를 계획하고 준비하는 데 필요한 태도나 능력을 얼마나 갖추고 있는지 정보 제공	20분
직업흥미검사(K)	직업과 관련하여 어떤 흥미가 있는지 정보 제공	15분
직업흥미검사(H)	나의 흥미유형 및 세부 직업과 관련하여 어떤 흥미를 가지고 있는지 정보 제공	20분

[활동지 2-5]

나의 이력서(지금 나의 모습)

※ 현재 여러분이 취업활동을 한다고 가정하고, 이력서와 자기소개서를 작성해 주세요.

이 력 서

〈사진〉	성 명	(한글)	지원회사명		
		(한문)	희망 직무		
	E-mail		희망 연봉		
	휴 대 폰		구 분	신입 / 경력	
	주 소	(우편번호)			

학력	입학년월	졸업년월	학교명	전공	학점	졸업구분	소재지
	년 월	년 월	고등학교		/	(졸업/중퇴/졸업예정)	
	년 월	년 월	전문대학		/	(졸업/중퇴/졸업예정)	
	년 월	년 월	대학교		/	(졸업/중퇴/졸업예정)	

경력	입사년월	퇴사년월	근무기간	회 사 명	근무내용	퇴사사유
	년 월	년 월	년 개월			
	년 월	년 월	년 개월			

자격사항	취득일자	종류	발급기관	OA능력		
	년 월 일			워드(한글/MS워드)	상 중 하	
	년 월 일			프레젠테이션(파워포인트)	상 중 하	
	년 월 일			스프레드시트(엑셀)	상 중 하	
	년 월 일			인터넷활용	상 중 하	

외국어능력	언어	공인시험	점수(급)	취득일	발행처	회화능력
				년 월 일		상 중 하
				년 월 일		상 중 하
				년 월 일		상 중 하
				년 월 일		상 중 하

자 기 소 개 서

성장과정 및 성격 장단점	
자신을 드러낼 수 있는 경험	
지원 동기 및 입사 후 포부	

03 내가 우리를 만날 때

학습 목표

- 나와 타인을 이해하고 대인관계 증진을 위한 기술을 활용하여 의사소통을 할 수 있다.
- 의사소통의 유형에 따른 의사소통방식의 차이를 설명할 수 있다.
- 나의 사회적 지위 및 역할 기대에 따른 역할갈등을 최소화하기 위한 방법을 실천할 수 있다.
- 다양한 역할 중 대학생으로서 해야 할 일의 우선순위를 정할 수 있다.

03 내가 우리를 만날 때

① 나 · 너 · 우리

　인간은 누구나 행복하기를 원한다. 이에 더해 성공한 삶을 꿈꾸며 살아간다. 이러한 삶을 살아가기 위해 가장 필요한 것이 좋은 인간관계이다. 고대 그리스철학자 아리스토 텔레스가 '인간은 사회적 동물'이라고 말했듯이 인간은 혼자서는 살아갈 수 없고, 수없이 많은 사람들과 관계를 맺으면서 살아간다.

　대학생 시기는 중 · 고등학교 때와는 다른 인간관계의 변화를 경험한다. 중 · 고등학교 는 우연히 만나게 된 친구들이 한 반에 모여 1년간 같이 생활을 하게 된다. 심지어 하루 일과 중 대부분의 시간을 학교에서 보내는 것을 생각해 보면 이렇게 만난 친구들과 특별 히 노력을 하지 않아도 쉽게 친해질 수 있다. 반면, 대학에 입학하면서부터는 출신 학교 는 물론 지역이 다양한 사람들과 관계를 맺어야 하며 이들은 저마다 성격과 성향이 각기 달라 새로운 관계를 맺는 데 어려움을 겪기도 한다.

　그렇다면 행복한 대학생활을 위해, 나아가 건강한 진로개발을 위해 우리는 어떻게 인 간관계를 해야 하는 것일까? '지피지기(知彼知己)면 백전불태(百戰不殆)', '적을 알고 나를 알면 백 번 싸워도 위태롭지 않다.'라는 말이 있다. 이 말을 통해서 알 수 있듯이 비록 적 은 아니지만 타인을 알고 나를 알면 어떠한 갈등 상황에서도 위기를 극복할 수 있을 것이 다.

　이번 장에서는 제2장에 이어 자신에 대해 좀 더 다양한 모습을 발견하고, 타인과 건강 한 관계를 맺으며 살아가기 위해 긍정적 시각으로 나와 타인을 바라볼 수 있는 시각을 키우도록 안내한다. 또한 '내가 생각하는 나'와 '타인이 생각하는 나' 사이의 차이를 살펴 보고 차이가 있다면 그 간극을 좁힐 수 있는 방법을 모색하고자 한다.

◈ **나의 대인관계 태도**

토마스 해리스(Tomas Harris)는 그의 저서 『아임 오케이 유어 오케이: 성격의 비밀, 교류분석이 풀다(I'm OK You're OK)』(1967/2020)에서 대인관계를 4가지 양상으로 나누어 설명하고 있다. 대인관계 시 자신과 타인에 대해 어떻게 지각하고 어떤 태도를 갖추고 있는지를 기준으로, 자신에 대해 얼마나 바람직하고 긍정적인 사고방식을 가지고 있느냐, 자신에 대해 얼마나 부정적인 태도를 가지고 있느냐를 측정할 뿐만 아니라 내가 타인에 대해서 얼마나 긍정적인 사고방식을 가지고 있느냐, 내가 타인에 대해 얼마나 부정적인 태도를 가지고 있느냐를 측정한다. 이 기준으로 측정된 결과를 토대로 자타긍정형, 자기부정 타인긍정형, 자기긍정 타인부정형, 자타부정형의 4가지 유형으로 나누어 설명한다.

```
                        You are OK
                        Y1축(24점)

      ★B(자기부정 타인긍정형)★        ★A(자타긍정형)★
      • 양보                      • 협력
      • 희생                      • 공존
      • 자책                      • 존중
      • 회피                      • 행복
I am not OK  • 열등              • 평화          I am OK
X2축(24점)   • 우울              • 감사          X1축(24점)
      ★D(자타부정형)★             ★C(자기긍정 타인부정형)★
      • 불신                      • 주도
      • 자포자기                  • 독선
      • 파괴                      • 배타
      • 자폐                      • 우월
      • 적대감                    • 분노
                                • 지배

                        Y2축(24점)
                        You are not OK
```

[그림 3-1] 토마스 해리스(Tomas Harris)의 대인관계 4유형

그에 의하면 나도 옳고 타인도 옳다고 생각하는 자타긍정형이 가장 바람직한 대인관계를 맺는 유형으로 설명하며 이 유형에 속하는 사람들은 나 자신의 신념과 인생관이 확립되어 있으며, 자신의 약점과 부족함까지도 인정하는 여유로움이 있다고 한다. 나아가 상대의 주장 및 상대의 개성과 약점까지도 수용하며 서로의 차이를 인정하며 공동선의 가치를 창출하기 위해 노력한다고 한다.

[활동지 3-1]

인생태도 척도

※ 다음은 정답이 없는 질문지입니다. 다음 질문에 솔직히 답해 주세요.

[A형]

문항	질문	해당 된다	보통 이다	해당 되지 않는다
1	나는 자신에게 성실한 편이다.	2	1	0
2	나는 다른 사람으로부터 상처받기 쉬운 편이다.	2	1	0
3	나는 나 자신에게 능력이 없다고 체념하는 경우가 자주 있다.	2	1	0
4	나는 나의 실패를 별로 마음에 두지 않는다.	2	1	0
5	나는 나의 패션 감각을 좋아한다.	2	1	0
6	나는 왜 이런 짓을 하고 있을까? 하고 생각할 때가 종종 있다.	2	1	0
7	나는 내가 하고 싶은 일이라도 다른 사람이 싫어할 것 같으면 참는 편이다.	2	1	0
8	나는 나의 행동이나 말에 자신을 가지지 못한다.	2	1	0
9	나는 나에게 감추어진 재능이 있다고 생각한다.	2	1	0
10	나는 남에게 비판을 받으면 아무 말도 하지 못한다.	2	1	0
11	나는 좋아하는 사람에게는 내가 먼저 접근한다.	2	1	0
12	나는 대부분의 일을 '하면 된다.'고 생각한다.	2	1	0
13	나는 나 자신을 매력적이라고 생각한다.	2	1	0
14	나는 싫은 일이 있어도 금방 기분 전환을 할 수 있다.	2	1	0
15	나는 하고 싶은 일이나 즐거운 일이 많다.	2	1	0
16	나는 남에게 거리낌 없이 말하는 것이 별로 마음에 걸리지 않는다.	2	1	0
17	나는 나 자신을 스스럼없이 드러내 보이면 상대방이 나를 혐오스러워할 것 같은 느낌이 든다.	2	1	0
18	내가 먼저 상대방에게 접근하는 일이 거의 없다.	2	1	0
19	나는 나의 생활 방식이 마음에 든다.	2	1	0
20	나는 상대방이 화제로 삼고 싶어 하지 않는 일에 대해서는 말을 잘 하지 않는다.	2	1	0
21	나는 무엇을 해도 잘 되지 않을 것 같은 느낌이 든다.	2	1	0
22	나는 상대방과 비교해서 자신이 쓸모없게 생각되는 일이 자주 있다.	2	1	0
23	나는 내가 느낀 것은 무엇이든 상대방에게 이야기하는 편이다.	2	1	0
24	나는 나의 호의가 상대방에게 피해가 되는 것은 아닐까 걱정이 된다.	2	1	0

※ [A형] 질문 집계표

문항	1	4	5	9	11	12	13	14	15	16	19	23	합계	축
점수														X1
문항	2	3	6	7	8	10	17	18	20	21	22	24	합계	축
점수														X2

[B형]

문항	질문	해당 된다	보통 이다	해당 되지 않는다
1	나는 '이 사람이 있어서 다행이었다.'라고 생각하는 일이 많다.	2	1	0
2	나는 남과 함께 일을 하면 잘 안 되는 경우가 많다.	2	1	0
3	나는 나의 취미에 맞지 않는 사람과는 사귀고 싶지 않다.	2	1	0
4	나는 상대방이 여러 가지 일에 대해서 이야기하는 것을 듣는 편이다.	2	1	0
5	나는 다른 사람이 나에게 친절해도 반갑지 않다고 느끼는 일이 있다.	2	1	0
6	나는 상대방이 좋은 점, 장점을 이야기할 때 잘 들어 주는 편이다.	2	1	0
7	나는 상대방이 실패하거나 실수를 해도 그다지 초조해하지 않는다.	2	1	0
8	나는 나와 다른 사고방식을 가지고 있는 사람과도 친근해질 수 있다.	2	1	0
9	나는 다른 사람이 '연애란 이런 것이다.'라고 말할 때 반론을 편다.	2	1	0
10	나는 상대방의 결점이 하나라도 눈에 띄면 상대방의 모든 것이 싫어진다.	2	1	0
11	나는 상대방과 싸움을 해도 화해의 실마리를 스스로 만들 수 있는 사람이다.	2	1	0
12	나는 귀찮은 일에는 될 수 있는 대로 관여하고 싶지 않다.	2	1	0
13	나는 남에게 무엇인가 해 주거나 받는 것을 좋아한다.	2	1	0
14	나는 즐거워 보이는 사람을 보면 자신까지 유쾌해진다.	2	1	0
15	나는 무엇을 해도 잘 해내지 못하는 사람이 많다고 생각한다.	2	1	0
16	나는 스스로 내 자신은 이렇게 노력하고 있는데 상대방은 그렇지 않다고 생각하는 일이 자주 있다.	2	1	0
17	나는 무엇인가 분쟁이 생기면 남의 탓으로 돌려버리는 일이 많다.	2	1	0
18	나는 상대방을 진심으로 좋아한다고 느끼는 일이 자주 있다.	2	1	0
19	나는 사적인 일은 거의 남에게 이야기하지 않는다.	2	1	0
20	나는 상대방의 무관심함에 화가 나는 일이 자주 있다.	2	1	0
21	나는 상대방의 싫은 면도 포용해서 교제해 나갈 수 있다.	2	1	0
22	나는 그보다 더 좋은 상대가 반드시 있으리라고 생각한다.	2	1	0
23	나는 '당신과 함께 있으면 안심이 된다.'라는 소리를 다른 사람들로부터 곧잘 듣는다.	2	1	0
24	나는 남의 말을 곧이곧대로 잘 믿는 편이다.	2	1	0

✸ [B형] 질문 집계표

문항	1	4	6	7	8	11	13	14	18	21	23	24	합계	축
점수														Y1
문항	2	3	5	9	10	12	15	16	17	19	20	22	합계	축
점수														Y2

❈ 결과 그래프 그리기

You are OK
Y1축(24점)

B	A
D	C

I am not OK   I am OK
X2축(24점)   X1축(24점)

Y2축(24점)
You are not OK

❈ 활동 후 성찰

활동 후 소감

② 건강한 의사소통

의사소통(communication)의 사전적 의미는 '가지고 있는 생각이나 뜻이 서로 통하는 것'이다. 즉, 의사소통은 사람의 생각(의사, 意思)이나 감정이 서로 통하는 상태를 말하는 것으로 사회생활을 위해 가장 필수적으로 가지고 있어야 하는 능력이다. 두 사람 또는 그 이상의 사람 사이에서 일어나는 의사의 전달과 상호교류를 의미하는 의사소통은 개인 또는 집단이 정보, 감정, 사상, 의견 등을 전달하고 그것을 받아들이는 과정이라고 할 수 있다.

의사소통이 원활하게 이루어지지 않으면, 대인관계에 어려움을 겪을 수 있게 되고 이는 일상의 행복감을 저해하는 원인으로 작용될 수 있다. 사람들은 저마다 자신의 방식으로 타인과 소통한다. 일반적으로 인간은 보이는 대로 보고 들리는 대로 듣는 것이 아니라, 보고 싶은 대로 보고 듣고 싶은 대로 듣는다. 이는 같은 상황에 놓여 있는 사람들이 저마다 다르게 인지하고 있는 것을 보면 알 수 있다.

따라서 건강한 의사소통을 위해서 우리는 타인이 정확히 이해할 수 있도록 표현해야 하며, 타인의 표현을 타인이 전달하고 싶어 하는 의도를 정확히 파악해서 이해할 필요가 있다. 나아가 좋은 인간관계를 유지하기 위해서는 나에 대한 이해를 바탕으로 타인에 대해 이해를 증진하고 나와 상대방이 다른 것을 인정하며, 나와 타인이 다름을 인정하는 것을 넘어서 그 다른 점을 서로 존중해야 한다. 이를 위해 자기이해를 위한 다각적인 노력을 기울여야 함과 동시에 타인에 대해서도 객관적으로 이해하려는 노력이 필요하다.

1) 의사소통 유형 탐색

◈ 조해리의 창

나의 인간관계는 어떠한가? 나의 인간관계는 어떤 유형에 속하는가? 나는 다른 사람과의 관계에서 주로 듣는 편인가? 나는 자기표현을 잘 하는 편인가? 이러한 질문에 답을 하다 보면 인간관계에서 타인이 나에 대해 어떻게 느끼고 있는지를 잘 아는 것이 중요하다는 것을 깨닫게 된다. 이러한 측면에 대해 답을 찾아볼 수 있는 방법이 조해리의 '마음의 창(Johari's window of mind)'이라는 도구이다.

조해리의 창은 내가 보는 나와 남이 보는 나, 그리고 숨겨진 나의 모습에 대해 알려 준다. 내가 알고 있는 나의 모습과 그렇지 않은 나의 모습, 다른 사람이 알고 있는 나의 모습과 그렇지 않은 나의 모습이 조합된 다음 그림과 같은 네 개의 창으로 구성되어 있다.

○ 개방의 창

'나도 알고 있고 타인도 알고 있는 나'를 나타내는 영역이다. 이 창이 넓을수록 자기표현을 적절하게 잘 하고 타인의 말도 잘 경청하여 의사소통이 원활하다. 또한 타인에게 호감과 친밀감을 주고 인기가 많은 편이다. 따라서 개방의 창이 넓은 사람은 대체로 대인관계가 원만하며 긍정적인 자아상을 갖고 있다. 또한 이들은 직업 선택과 결정, 준비에 대해 다양한 사람과 의견을 주고받음으로써 도움을 쉽게 얻을 수 있다.

○ 맹목의 창

'나는 모르고 있지만 타인은 알고 있는 나'의 모습을 나타내는 영역이다. 말투나 습관, 독특한 버릇과 같이 나도 모르게 하는 행동이나 타인은 알고 있는 것들이 이 영역에 해당된다. 이 창이 넓은 사람은 솔직하게 자신의 기분이나 의견을 잘 표현하고 자신감을 지니고 시원시원해 보인다. 그러나 지나친 경우에는 타인의 입장이나 반응에 둔감하여 독선적이거나 눈치 없는 사람으로 비쳐질 수도 있다. 따라서 이 영역이 큰 사람들은 타인의 의견을 귀담아 듣는 자세가 필요하다.

○ 비밀의 창

'나는 알고 있지만 타인은 모르는 나'로 은폐된 영역이다. 나의 약점이나 비밀처럼 타인에게 숨기는 부분을 의미하는 것으로 이 영역이 큰 사람은 남의 이야기는 잘 듣지만 자신의 이야기를 잘 하지 않는 편에 속해 고독해 보인다. 현대인에게 가장 많은 유형으로 알려져 있는 비밀의 창이 넓은 사람은 직업과 관련된 자신의 고민과 문제점을 좀 더 개방함으로써 주변 사람의 도움과 지원을 받을 필요가 있다.

○ 미지의 창

'나도 모르고 타인도 모르는 나'로 미지의 영역이다. 심층적이고 잠재된 부분으로 이 영역이 넓은 사람은 삶에서 고립되어 자신의 모습에 대해 잘 알지 못하고 타인과의 접촉도 불편해 한다. 또한 이 영역이 넓은 사람은 직업과 관련하여 빠른 시간에 고민이 해결되지 않으면 이를 회피하고자 포기하거나 다른 일에 빠지는 경우가 있어 진로 결정에 어려움을 겪는다. 따라서 이 유형에 속하는 사람은 시간을 두고 자신의 삶과 관심사, 가치관 등을 생각하고 주변 사람과 공유하면서 자신을 알아가는 노력이 필요하다.

◈ **사티어의 의사소통 유형**

경험적 가족치료 모델을 만든 미국의 심리학자 사티어(Virginia Satir)는 사람들이 긴장할 때(스트레스 상황일 때) 각기 다른 반응을 나타내는 것에 관심을 가지며, 그 상황에서 보여주는 의사소통 및 대처유형을 관찰하였다. 스트레스 상황에서 사람들의 반응이 유형에 따라 공통점이 있음을 발견하고 유형화하였다. 또한 그녀는 의사소통 및 대처유형이 자아존중감과 관련이 깊다고 보고, 자아존중감의 3대 요소를 자기, 타인, 상황으로 나누어 설명하였다. '자기'는 애착, 사랑, 신뢰, 존중을 통해 갖는 자신에 대한 가치와 자신의 유일성을 말한다. '타인'은 다른 사람과의 관계에서 형성되며 다른 사람에 대해 느끼는 것으로 다른 사람과의 동질성과 이질성 그리고 상호작용에 대한 것을 말하며, '상황'은 주어진 여건과 맥락을 의미하는 것으로 주로 부모나 원가족에서의 상황을 말한다. 사티어는 자아존중감의 3대 요소 중 어떤 것이라도 온전하지 못하면 역기능적이라고 보았고 이 세 부분이 모두 순기능을 하여 일치되도록 돕고자 하였다. 그러면서 그녀는 의사소통 및 대처유형을 역기능적 대처방식인 회유형, 비난형, 초이성형, 산만형과 기능적인 대처방식인 일치형으로 구분하여 설명하고 있다. 각 유형별 특성을 살펴보면 다음과 같다.

○ 회유형

　회유형은 자신의 느낌이나 생각을 무시하고 타인의 기분을 맞추기 위해 애쓰는 유형이다. 이들은 자신의 가치를 존중하기보다 다른 사람의 기분을 상하지 않도록 하기 위해 무조건 타인에게 동조하거나 비굴한 자세를 취하며, 사죄와 변명을 하는 등 지나치게 착한 행동을 보인다. 심리적으로는 감정 억제, 짜증, 걱정, 공황 습격 그리고 자살 생각 등이 있다. 이들이 갖고 있는 자원은 돌봄, 양육과 민감성 등이다.

○ 비난형

　비난형은 자신을 보호하기 위해 다른 사람을 무시하고 결점을 지적하며 독재자처럼 타인을 통제하고 명령하는 유형이다. 이들은 회유형과 정반대로 타인을 무시하는 성향을 보이며, 타인의 말이나 행동을 비난하고 통제하며 명령하며, 외적으로 보이는 행동은 공격적이나 내적으로는 소외감을 느끼며 외로운 실패자라고 생각한다. 심리적으로는 분노, 짜증, 반항, 적대적, 편집증, 폭력 그리고 반사회적 특성 등이 있다. 이들의 자원은 자신의 의사를 잘 표현하는 주장성, 타인을 이끄는 지도력과 에너지 등이다.

○ 초이성형

　초이성형은 자기와 타인을 무시하고 지나치게 상황만 중시하는 유형이다. 이들은 규칙을 중요시 생각하고, 옳고 그름으로 판단해서 옳은 것만을 절대시하는 극단적인 객관성을 보인다. 매우 완고하고 냉담한 자세를 취하고 독재적인 행동을 하지만 내적으로는 쉽게 상처받으며 소외감을 느끼기도 한다. 심리적으로는 우울증, 정신병, 집착증, 강박증, 사회적 철회, 공감력 부족과 같은 특성이 있다. 이들의 자원은 지성, 세부사항에 주의를 집중하는 집중력과 뛰어난 문제해결능력 등이다.

○ 산만형

　산만형은 생각과 말, 행동이 자주 바뀌고 동시에 여러 가지 행동을 하려고 하는 유형이다. 이들은 초이성형과 반대로 자신, 타인, 상황을 모두 무시한다. 따라서 심리적으로 접촉하기가 가장 어려우며, 말이 되지 않는 이야기를 하며 산만하게 행동한다. 정서적으로 혼란스러운 심리 상태를 보이며 심리적으로는 혼란스러움, 부적절함, 낮은 충동 통제, 우울증, 공감력 결핍, 타인의 권리 침해, 학습불능 등이 있다. 이들의 자원은 유머, 자발성 그리고 창조성 등이다.

○ 일치형

사티어의 의사소통 유형 중 유일하게 기능적인 일치형은 의사소통의 내용과 감정이 일치하는 유형이다. 이들은 의사소통이 진실되며, 자기감정을 잘 알아차리고 이를 적절하게 표현한다. 매우 생동적이고 창조적이며 독특하고 유능한 행동 양식을 보인다. 일치형은 자존감이 높고, 심리적·신체적으로 건강한 상태에 있다. 이들의 자원은 높은 자아존중감이다.

2) 효과적인 의사소통 기술

◈ 나 전달법

대화에 있어 '나'가 주체가 되어 특정 상황에 대해 있는 그대로 설명하고, 그에 따른 자신의 감정과 상대에 대한 바람을 표현하는 대화법이다. 나 전달법으로 대화를 하면 의사소통 상황에서 발생될 수 있는 갈등을 예방하고 관계를 강화시킬 수 있다.

> • I-Message 대화법: (네가 연락도 없이 늦게 귀가하니) 나는 걱정되고, 화가 나기도 했어. 앞으로는 늦을 것 같으면 연락을 해 주면 좋겠어.
> • You-Message 대화법: 너 왜 이렇게 늦어? 전화라도 하면 안 되니? 나를 무시하는 거니?

◈ 덕분에 대화법

대화를 할 때 '덕분에'라는 말을 통해 상대방에게 감사를 표현하는 대화법이다. '~때문에'라고 말하면 상대를 비난하는 듯한 인상을 주는 반면 '~덕분에'라는 말을 사용하면 상대의 기분이 상하지 않고, 관계를 돈독히 할 수 있다.

> • ~때문에 대화법: 너 때문에 수업이 늦게 마쳤잖아!
> • ~덕분에 대화법: 너의 질문 덕분에 수업이 좀 늦어졌긴 했어도 궁금한 점이 해결되었어.

◈ 질문형 대화법

상대방에게 부탁을 해야 하는 일이 있는 경우 사용하면 좋은 대화법이다. 질문형으로 말을 건네면 상대방은 질문을 받음으로써 자신에게 결정권이 주어져 배려를 받는다는 인상을 받는다. 따라서 배려를 받은 상대는 열린 마음으로 소통이 가능해진다.

- 명령형 대화법: 오늘 중으로 이 일을 다 끝내 줘.
- 질문형 대화법: 오늘까지 이 일이 완료될 수 있을까?

◈ **쿠션 대화법**

상대방에게 부탁을 하거나 전달하고 싶을 때 사용하는 대화법이다. '죄송하지만' '번거로우시겠지만' '괜찮으시다면'과 같은 표현을 사용하여 충격을 완화해 주는 대화법으로 상대방의 상황을 존중해 주는 느낌을 주어 상대방 역시 나를 존중할 수 있도록 도와준다.

- 번거로우시겠지만, 다시 한번 확인해 주실 수 있을까요?
- 죄송하지만, 이 일을 먼저 진행해 주실 수 있으실까요?

3) 대인관계 증진을 위한 Tips

그렇다면, 원만한 대인관계를 위한 실제적인 방법은 어떤 것들이 있을까? 이번 장에서는 대인관계 증진을 위한 실제적인 Tip을 살펴보고자 한다.

첫째, 언어적 대인관계 기술을 익혀 효과적인 의사소통이 이루어지도록 해야 한다. 언어적 대인관계 기술로는 말 건네기, 경청하기, 질문하기, 반영하기, 공감하기, 강화하기, 부탁하기, 거절하기 등이 있다. 말 건네기란 처음 만난 사람에게 다가가 자연스럽게 말을 붙이고, 상대가 호감을 가질 수 있도록 하는 대화의 기술이다. 경청하기는 상대방의 이야기를 진지하게 들어 주는 기술이다. 상대방이 이야기할 때 대화의 내용에 집중할 뿐만 아니라 시선을 적절히 맞추고 고개도 끄덕이면서 상대방의 이야기에 관심을 가지고 듣고 있음을 표현하는 비언어적인 태도도 함께 포함된다. 경청하기 과정에서 의문이 생기면 질문을 통해 추가 정보를 요청하기도 하고, 상대의 감정이나 의견을 확인할 수 있다. 또한 상대의 표현 내용에 대해 자신의 이해 정도를 전달하고 자신의 이해 내용이 정확한지 대화 중간에 반영하기를 통해 경청을 표현할 수 있다.

이와 더불어 공감하기는 상대방의 견해가 나와는 차이가 있다고 하더라도 상대방의 입장에서 상대를 이해하는 대화의 기술이라고 할 수 있다. 강화하기는 일종의 리액션에 해당되는 것으로 칭찬, 격려, 지지, 동의 등의 표현으로 상대방과 관계를 돈독하게 하는 대화의 기술이다. 나아가 도움이 필요할 때 상대방에게 적절하게 도움을 요청할 수도 있어야하며, 상대방의 부탁을 적절히 거절하는 것도 중요한 대화의 기술이다. 전술한 기술 외에도 유머 사용하기, 감정 표현하기 등 다양한 언어적 기술을 활용하여 상대방과의 관계를 돈독히 할 수 있다.

둘째, 대인관계 증진을 위해 상대방과 함께 만들어 가는 태도도 중요하다. 좋은 관계를 형성하기 위해서는 상대방에게 신뢰를 주어야 한다. 신뢰를 쌓는 기본적인 태도는 말과 행동의 일관성이다. 자신의 말에 책임을 지는 태도를 일관성 있게 보여 준다면 상대에게 신뢰를 얻을 수 있다. 탄탄한 신뢰관계가 형성되면 진로에 대한 고민도 함께 나눌 수 있을 뿐만 아니라 진로 결정 시 도움을 구할 수 있게 된다. 더불어, 타인의 태도와 행동을 수정하려고 하는 것이 아니라 서로 다름을 인정하고 타인의 태도와 행동을 인정하는 태도를 가져야 한다. 이러한 태도는 상대방을 존중하는 마음에서 출발해서 더없이 돈독한 관계를 형성하는 데 도움을 준다.

[활동지 3-2]

사티어(Satir)의 의사소통 유형

※ 다음은 정답이 없는 질문지입니다. 다음 질문에 솔직히 답해 주세요.

유형	문항	질문	전혀 그렇지 아니다	그렇지 않다	보통 이다	그렇다	매우 그렇다
A형	1	나는 상대방이 불편하게 보이면 비위를 맞추려고 한다.	1	2	3	4	5
	2	나는 관계나 일이 잘못되었을 때 자주 내 탓으로 돌린다.	1	2	3	4	5
	3	나는 지나치게 남을 의식해서 나의 생각이나 감정을 표현하는 것을 두려워한다.	1	2	3	4	5
	4	나는 사람들의 얼굴표정, 감정, 말투에 신경을 많이 쓴다.	1	2	3	4	5
	5	나는 타인을 배려하고 잘 돌보아 주는 편이다.	1	2	3	4	5
	6	나는 다른 사람들이 나를 싫어할까 두려워서 위축되거나 불안을 느낄 때가 많다.	1	2	3	4	5
	7	나는 타인의 요청을 거절하지 못하는 편이다.	1	2	3	4	5
	8	나는 내 자신이 가치가 없는 것 같아 우울하게 느껴질 때가 많다.	1	2	3	4	5
B형	1	나는 일이 잘못되었을 때 자주 상대방의 탓으로 돌린다.	1	2	3	4	5
	2	나는 다른 사람들의 의견을 무시하고 내 의견을 주장하는 편이다.	1	2	3	4	5
	3	나는 내 의견이 받아들여지지 않으면 화가 나서 언성을 높인다.	1	2	3	4	5
	4	나는 타인의 결점이나 잘못을 잘 찾아내어 비판한다.	1	2	3	4	5
	5	나는 명령적이고 지시적인 말투로 상대가 공격받았다는 느낌을 줄 때가 있다.	1	2	3	4	5
	6	나는 사소한 일에도 잘 흥분하거나 화를 낸다.	1	2	3	4	5
	7	나는 자주 근육이 긴장되므로 목이 뻣뻣하며 혈압이 오르는 것을 느끼곤 한다.	1	2	3	4	5
	8	나는 타인으로부터 비판적이거나 융통성이 없다는 말을 듣기도 한다.	1	2	3	4	5
C형	1	나는 무슨 일이든지 조목조목 따지는 편이다.	1	2	3	4	5
	2	나는 이성적이고 차분하며 냉정하게 생각한다.	1	2	3	4	5
	3	나는 나의 견해를 분명하게 표현하기 위해 객관적인 자료를 자주 인용한다.	1	2	3	4	5
	4	나는 실수하지 않으려고 애를 쓰는 편이다.	1	2	3	4	5
	5	나는 불편한 상황을 그대로 넘기지 못하고 시시비비를 따지는 편이다.	1	2	3	4	5
	6	나는 현명하고 침착하지만 냉정하다는 말을 자주 듣는다.	1	2	3	4	5
	7	나는 나의 감정을 표현하는 것이 힘들고, 혼자인 느낌이 들 때가 많다.	1	2	3	4	5
	8	나는 목소리가 단조롭고 뻣뻣하고 경직된 자세를 취하는 편이다.	1	2	3	4	5

유형	문항	질문	전혀 그렇지 아니다	그렇지 않다	보통 이다	그렇다	매우 그렇다
D형	1	나는 생각이 자주 바뀌고 동시에 여러 가지 행동을 하는 편이다.	1	2	3	4	5
	2	나는 다른 사람들로부터 정신이 없거나 산만하다는 소리를 듣는다.	1	2	3	4	5
	3	나는 상황에 적절하지 못한 말이나 행동을 자주하고 딴전을 피우는 편이다.	1	2	3	4	5
	4	나는 곤란하거나 난처할 때는 농담이나 유머로 그 상황을 바꾸려는 편이다.	1	2	3	4	5
	5	나는 불편한 상황에서는 안절부절 못하거나 가만히 있지를 못한다.	1	2	3	4	5
	6	나는 한 주제에 집중하기보다는 화제를 자주 바꾼다.	1	2	3	4	5
	7	나는 분위기가 침체되거나 지루해지면 분위기를 바꾸려 한다.	1	2	3	4	5
	8	나는 불안하면 호흡이 고르지 못하고 머리가 어지러운 경험을 하기도 한다.	1	2	3	4	5
E형	1	나는 타인의 평가에 구애받지 않고 내 의견을 말한다.	1	2	3	4	5
	2	나는 부정적인 감정도 솔직하게 표현한다.	1	2	3	4	5
	3	나는 다른 사람이 내게 부탁을 할 때 내가 원하지 않으면 거절한다.	1	2	3	4	5
	4	나는 나 자신에 대해 편안하게 느낀다.	1	2	3	4	5
	5	나는 모험하는 것을 두려워하지 않는다.	1	2	3	4	5
	6	나는 다양한 경험에 개방적이다.	1	2	3	4	5
	7	나는 나만의 독특한 개성을 존중한다.	1	2	3	4	5
	8	나는 누가 나의 의견에 반대하여도 감정이 상하지 않는다.	1	2	3	4	5

※ 총 합계

A(회유형)	B(비난형)	C(초이성형)	D(산만형)	E(일치형)

※ 나의 의사소통 유형 (   )형

[활동지 3-3]

대인관계 증진을 위한 실천 전략

질문	응답	
좋은 첫인상을 만들기 위한 실천 전략 세 가지	1. 2. 3.	
관계를 개선하고 싶은 대상 1명	이름	
	나와의 관계	
관계를 개선하고 싶은 이유		
관계를 개선하기 위한 실천 전략 세 가지	1. 2. 3.	

3 역할과 역할 사이

1) 사회적 지위와 역할

인간은 가정, 또래집단, 학교, 직장 등 다양한 집단에 소속되어 살아간다. 이 과정에서 부모와 자녀관계, 친구관계, 선생님과 제자 관계, 사용자와 노동자 관계 등 다양한 관계를 맺고 살아가는데 이러한 관계를 사회적 관계라고 한다. 이렇게 사회적 관계를 맺고 말과 행동으로 사람들과 서로 영향을 주고받는 것을 사회적 상호작용이라고 하며, 사회적 상호작용은 상황에 따라 다양한 모습으로 나타난다.

다양한 사회적 관계 속에서 개인은 각자 차지하고 있는 위치가 있다. 여러분은 어떤 위치에 놓여 있나? 가족이라는 집단 속에서 나는 자식이기도 하고 형(누나)이기도 하며 동생이기도 하다. 결혼을 했다면 아내(남편)이기도 하고 부모이기도 하다. 또 학교라는 집단 속에서는 학생이기도 하고 선배이기도 하며 후배이기도 하고 친구이기도 하다. 또 다른 집단에 속해 있다면, 자신이 속해 있는 다양한 집단 속에 나의 위치를 말할 수 있을 것이다. 이처럼 한 개인이 소속된 사회집단에서 차지하는 위치를 사회적 지위라고 한다.

우리가 부여받은 사회적 지위에는 반드시 기대되는 어떠한 행동이 동반된다. 이렇게 사회적 지위에 따라 기대되는 행동을 역할이라고 한다. 일반적으로 역할은 개인에게 어떠한 성취와 감정, 책임과 요구를 부여한다. 예를 들어, 교수는 열심히 연구하고 학생을 잘 가르쳐야 한다. 이렇게 어떤 지위에 따라 이러한 것을 해야 한다고 역할을 기대하게 되고, 개인이 이러한 역할을 어떻게 수행하느냐에 따라 칭찬을 받기도 하고, 비난을 받기도 한다. 즉, 개인이 자신의 역할을 충실히 수행하면 개인적으로는 칭찬이나 보수와 같은 보상이 따르고, 사회적으로는 사회발전과 안정에 이바지할 수 있게 된다. 반면, 개인이 역할을 제대로 수행하지 못하면, 사회 규범과 질서에 혼란을 초래하게 되어 비난이나 처벌 등 제재를 받게 된다.

2) 역할갈등

한 개인은 사회 속에서 살아가며 하나 이상의 지위를 가지고 있다. 또한 각 지위에 따라 기대되는 역할이 다양할 수 있다. 우리가 일상을 살아가는 도중 자신의 지위가 충돌되거나 하나의 지위라도 그 지위에 따라 요구되는 역할이 충돌되는 경우가 있다. 전자를 역할모순이라고 하고, 후자를 역할긴장이라고 하며 이를 통틀어 역할갈등이라고 한다. 예를 들어, 한 가정의 아들(딸)로서 해야 할 역할, 수업에서 팀프로젝트 일원으로서 해야 하는 역할, 친구로서 해야 하는 역할, 아르바이트생으로서의 역할 등 한 개인이 갖고 있는 다양한 지위에 따른 역할이 동시에 요구되어 어느 것을 먼저 수행해야 할지 고민에 빠지게 되고, 어느 것 하나도 제대로 수행하지 못할 수도 있다.

반면, 사람들은 누구나 자신이 가지고 있는 지위에서 성공하기를 꿈꾼다. 그러나 항상 소수의 사람만 성공이라는 타이틀을 얻는다. 심지어 우리가 성공했다고 이야기하는 사람들도 자신이 가진 모든 지위에서 성공을 이루었다고 할 수는 없다. 왜냐하면 한 개인은 수많은 지위를 가지고 있으며, 하나의 역할을 완벽하게 소화해 냈다고 하더라도 자신의 다양한 역할을 분리하지 못하고 하나의 역할로 인식해서 역할 간의 균형을 이루지 못하기 때문이다. 만약, 성공을 했다고 하더라도 성공한 사람이 반드시 행복한 삶을 살아간다고 할 수 없다. 그렇다면 행복하고 성공한 삶을 살아가기 위해 우리가 갖고 있는 수없이 많은 지위와 이에 따라 기대되는 역할을 어떻게 수행해야 할까?

이 질문에 대한 답은 높은 자기복합성을 갖는 것이다. 사람들이 자신에 대해 알고 있는 모든 지식을 바탕으로 다양한 자신의 모습을 인식하는 것을 자기복합성이라고 한다. 자기복합성이 높은 사람은 자신의 지위와 역할을 명확히 분리하고, 그 역할 간의 경계가 뚜렷하다. 자기복합성이 낮은 사람은 자신의 지위에 대해 명확히 인지하지 못하고 있고 심지어 자신의 역할을 정확하게 인지하지 못하고 있어 역할 간 경계가 모호하다.

복잡해지고 세분화되는 현대 사회에서 개인은 과거에 비해 더 많은 지위를 갖게 되었고, 그에 따른 역할갈등도 빈번하게 경험하게 된다. 나아가 대학을 졸업하고 사회에 진출하면 지금의 사회적 지위보다 훨씬 더 많은 사회적 지위를 가지게 될 것이고 이에 따른 역할갈등도 더 많이 경험하게 될 것이다. 따라서 대학생 시기에 합리적이고 효율적으로 역할갈등을 관리하는 방법을 이해한다면, 졸업 후 사회에 진출해서도 더욱더 행복한 삶을 살아갈 수 있을 것이다.

다음은 역할갈등을 관리하기 위해 필요한 실천적 노력이다.

첫째, 자신의 다양한 지위를 확인한다.

둘째, 지위에 따른 역할을 확인하고 각 영역의 역할로 분리시킨다.

셋째, 각 역할이 어떤 의미인지 정의하고 그 역할의 핵심활동을 명확히 한다.

넷째, 이렇게 명확하게 분류되고 명명된 역할의 우선순위를 정해서 실천한다.

[활동지 3-4]

행복한 삶을 위한 나의 역할 찾기 I

* 자신에게 부여된 역할을 가능한 많이 적되, 의미 있고 중요하다고 생각되는 비중에 따라 원형의 크기를 다르게 그려 보자.

[활동지 3-5]

행복한 삶을 위한 나의 역할 찾기 II

* 다음 표에 자신이 소속되어 있는 사회적 집단을 적고(최대 5개) 그 집단에서 자신의 역할(해당되는 역할 모두 적기/예: 가정-엄마, 아내, 딸, 누나, 동생, 며느리 등) 및 현재 그 역할에 대한 자신의 생각은?

번호	소속 집단	역할	나의 느낌	이유
예	학교	교수	설렌다/뿌듯하다/부담스럽다	매 학기 학생들을 만나는 것은 설레고 뿌듯하지만, 해야 할 업무가 너무 많아 부담스럽다.
		동료	즐겁다/답답하다	동료들과 함께 이야기하고 의견을 나누는 것은 즐겁지만, 업무 진행이 원활하지 않을 때에는 답답함을 느낀다.
1	가정	•		
		•		
		•		
2	학교	•		
		•		
3		•		
4		•		
5		•		

4 대학생으로 살아가기

대학생 시기는 자신이 원하는 진로로 전환하기 위한 탐색을 하는 시기이며, 직업세계로 진입을 준비하는 시기이다. 이를 위해 자신에게 맞는 진로계획을 수립하고 이에 요구되는 자기개발과 진로준비를 해야 한다. 왜냐하면 이 시기에 충실하게 이루어진 자기개발과 진로준비를 통해 보다 폭넓은 진로의사결정과 진로선택이 가능하기 때문이다. 또한 자기개발과 진로준비가 잘 이루어지면 구체적인 삶의 방향과 목표가 결정됨으로써 인생의 방향을 정하는 중요한 전환점이 될 수 있다.

진로를 일생에 걸친 통합적이고 포괄적 개념으로 접근한 슈퍼(Super)는 대학생 시기를 탐색기 가운데 전환기와 시행기라고 설명하고 있다. 전환기는 장래 직업에 필요한 훈련이나 교육을 받으면서 자신의 자아개념을 확립하는 시기를 말하는 것이며, 시행기는 자신에게 적합해 보이는 직업을 선택하여 최초로 직업을 갖는 시기를 말한다. 따라서 대학생 시기에는 자신에게 맞는 직업에 입문하기 위해 교육과 훈련을 통해 자아개념을 확립해야 한다. 그러나 오늘날 대학생의 현실은 어떠할까?

한국의 대학생들이 삶 속에서 실제로 경험하고 있는 스트레스와 어려움을 복합적 측면에서 살펴본 김혜선, 이지하, 양민옥(2014)의 연구결과를 중심으로 대학생으로 살아가기에 대해 살펴보고자 한다.

첫째, 오늘날 대학생은 생각하는 연습도 해 본 적이 없고, 생각할 여유도 없다. 인터넷 및 스마트 기기의 발달로 어떤 문제에 대해 검색어를 넣기만 하면 즉각적으로 다양한 답을 쏟아내고 있어 그중에서 적절한 답을 고르기만 하면 되는 것에 익숙해져 있다. 이에 따라 깊이 있게 생각하거나 그것을 발전시켜야 할 필요를 느끼지 못하는 것이다. 또한 대학생은 쏟아지는 과제, 취업을 위해 막연하게 쫓아가면서 쌓고 있는 스펙, 경제적인 어려움을 해결하기 위한 아르바이트 등을 하느라 미래를 생각할 겨를 없이 눈앞에 닥친 일을 쳐내는 데 급급한 삶을 살아간다. 그러다 보니 생각할 여유가 없이 하루하루를 보내게 되는 것이다.

둘째, 오늘날의 대학생은 타인의 판단과 결정만 바라본다. 오히려 그들은 자신의 욕구, 흥미, 진로 등에 대해 잘 모르고 그 때문에 혼란스러워 한다. 또한 중·고등학교 시절까지 타인에 의해 빈틈없이 짜여진 시간표에 따른 삶을 살아오다 대학 진학 후 그토록 바라던 자유가 주어졌지만, 그 자유를 어떻게 활용해야 하는지 몰라 시간을 그저 허비하는 경우가 많다. 또한 진로와 같이 자신에게 꼭 필요한 정보라고 하더라도 인터넷

검색을 통한 정보수집에 익숙해져 있어 누군가가 정보를 업데이트해 주지 않으면 더 이상의 정보를 얻을 수 없다는 무기력에 빠져 있다. 나아가 지금까지 많은 선택을 부모님에게 의존해서 부모님이 결정해 주는 대로 따라간 경향이 컸다. 그 결과 정보수집, 시간관리, 인생설계 등 그 어느 것에도 주체적인 결정을 하지 못하는 경우가 많다.

셋째, 오늘날의 대학생은 썩 내키지는 않아도 주어진 것에 맞추어 살아가기에 익숙하다. 큰 꿈을 안고 대학에 진학했지만, 생각보다 만족스럽지 않다는 생각에 많은 학생들이 재수, 편입, 전과 등 변화를 원하고 있다. 그러나 이러한 고민을 한다고 해도 대부분은 선택을 주저하고 있으며, 주저하는 이유 또한 부모님의 의중이나 두려움 등으로 어려움을 회피하는 것으로 볼 수 있다. 또한 청소년기 내내 대학 진학을 위해 공부만 해 왔기 때문에, 진로를 위한 행동도 취업준비 공부에 많은 에너지를 사용하고 있다. 자신의 꿈을 이루기 위한 삶을 살아가는 것은 경험해 본 적도 없고 그러한 삶을 살 용기도 없어 그저 그냥 현실에 맞추어 살아간다.

넷째, 오늘날의 대학생은 어떻게 살아야 할지 방향을 잃어버린 채 살아가고 있다. 대학 입학하기 전까지 인생의 목표는 오직 대학진학으로 살아온 대학생들은 입학과 동시에 삶의 목표를 상실하고 방황하게 되었다. 게다가 대학에 진학할 때 적성과 흥미보다는 성적에 맞추어 전공을 선택하고, 전공에 맞춰 진로를 찾고 있기 때문에 졸업이 다가올수록 진로에 대해 더욱 혼란을 겪게 된다.

요약하면, 오늘날의 대학생은 자율적이고 독립적이지 못한 채 대학이라는 관문에 들어오게 되었고, 대학생이 되어도 진로에 대한 확신이 부족해서 혼란을 겪고 있다. 성공적인 성인기로의 전환을 위해서 대학생은 자율성이 확보된 채 자신의 적성과 흥미를 탐색하고 자신의 꿈을 실현할 수 있는 직업을 선택할 수 있는 힘을 키워야 한다. '아무것도 하지 않으면 아무 일도 일어나지 않는다.'는 말에서 알 수 있듯이 대학에 재학 중인 기간 동안 지금 할 수 있는 것부터 차근차근 부딪히고 경험하며, 나는 어떤 사람이고, 어떤 것을 좋아하며, 어떤 것을 잘 하는지 자신을 발견하기 위해 꾸준히 도전해야 할 것이다.

[활동지 3-6]

나의 대학생활

질문	답변
우리대학 진학 동기	
지난 학기 나의 대학생활	
내가 꿈꾸는 대학생활	

04 전공으로의 여행

학습 목표

● 자신의 전공에 대한 정보를 수집하고, 이를 바탕으로 다양한 전공 관련 진로를 말할 수 있다.

● 전공 분야에 대한 정보를 바탕으로 자신의 흥미와 적성에 맞는 진로계획을 수립할 수 있다.

● 사회적 이슈에서 전공 관련 이슈를 찾아 논의 주제를 작성할 수 있다.

04 전공으로의 여행

1 전공을 선택한 이유

대학생은 입학과 동시에 고등학교와 전혀 다른 교육환경에 적응하느라 어려움을 겪는다. 고등학교 때까지 경험하지 못했던 스스로 선택하고 결정해야 하는 상황이 부담으로 느껴지기도 한다. 게다가 전공에 대한 충분한 탐색 없이 성적에 맞추어서 대학에 진학한 경우에 이러한 혼란은 더욱 가중되어 대학생활에 적응하지 못하고 중도탈락까지 이어지기도 한다. 변화된 교육환경에 적응의 문제는 모든 학생들이 경험하는 문제라고 하더라도, 전공 선택에 대한 문제는 개별화되어 접근할 필요성이 있다.

많은 학생이 전공에 대한 이해가 부족한 채 전공을 선택하고, 이렇게 선택된 전공에 소속되게 되면서, 오늘날 대학생들은 전공에 대한 고민을 마치 필수인 것처럼 하고 있다. 이를 반영하듯, 많은 대학에서 복수전공제도, 부전공제도, 전과제도, 나아가 연계전공 등 대학에 입학해서도 전공에 대한 탐색을 통해 전공을 변경하거나 이동할 수 있는 길을 열어놓고 있다. 제도적으로 선택의 폭을 넓혀두었다고 하더라도, 전공 선택의 명확한 기준이나 근거가 없으면 이동한 전공 안에서도 혼란을 겪기 쉬울 것이다.

전공 선택은 인생의 목표와 연결되어 있다. 따라서 전공에 대하여 정확히 아는 것 못지않게 자신의 전공을 선택한 근거를 명확히 하는 것이 중요하다. 전공 선택 근거를 명확히 한 후 자신의 선택에 대한 확신을 갖고 전공을 탐색하고 탐색한 정보를 바탕으로 진로설계를 하는 것이 바람직할 것이다. 이 장에서는 '어쩌다 보니 이 전공'이 아니라, 전공 선택 과정에서 영향을 미친 요인을 살펴보고, 대학에 진학하기 위한 최종 전공 선택 시 자신이 어떤 바람을 가지고 있었는지를 알아보고, 이를 바탕으로 자신의 전공 정체성을 명확히 하는 데 도움을 주고자 한다.

읽기자료

대학생 5명 중 2명 "다른 전공 선택할 걸 후회"

대학생 39.9% "다른 전공 하고파"
대학생 4,168명 설문조사 결과, 자료제공: 잡코리아×알바몬

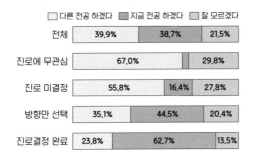

□ 다른 전공 하겠다 ■ 지금 전공 하겠다 ▨ 잘 모르겠다

	다른 전공 하겠다	지금 전공 하겠다	잘 모르겠다
전체	39.9%	38.7%	21.5%
진로에 무관심	67.0%		29.8%
진로 미결정	55.8%	16.4%	27.8%
방향만 선택	35.1%	44.5%	20.4%
진로결정 완료	23.8%	62.7%	13.5%

대학생들의 사춘기, 이른바 '대2병'은 불확실한 미래에 대한 불안으로 힘들어하는 대학생들을 일컫는 신조어입니다.

최근 잡코리아가 실시한 설문조사에서 대학생 5명 중 3명이 '나도 대2병을 앓고 있다'고 밝혔습니다. 대학생들에게 자신이 대2병이라고 생각하는지를 물었습니다. 그 결과 응답자의 64.6%가 '그렇다'고 답했습니다.

대2병을 앓고 있다는 응답은 ▲3학년(75.3%)과 ▲2학년(74.7%)에게서 70% 이상으로 높았습니다. ▲4학년의 경우도 69.7%로 적지 않은 비중을 보인 가운데 ▲1학년의 경우는 43.3%로 상대적으로 비중이 낮았습니다.

실제로 조사에 참여한 상당수의 대학생들이 전공에 대한 회의감을 느끼고 있는 것으로 나타났다. 조사에 참여한 대학생들에게 전공을 다시 정할 수 있다면 현재의 전공을 선택하겠냐고 질문한 결과 '다시 선택해도 지금 전공을 택할 것(38.7%)'이란 응답보다 '다른 전공을 택할 것(39.9%)'이란 응답이 소폭 높게 나타났다. '잘 모르겠다.'고 즉답을 피한 응답도 21.5%로 높았습니다.

전공을 선택했던 계기, 진로 설정 여부, 취업에 대한 기대에 따라 전공에 대한 만족도가 크게 달랐다고 덧붙였습니다. 먼저 전공 선택 계기에 따라서 살펴보면 △성적에 따라 선택한 경우가 '다른 전공을 선택하겠다.'는 응답이 64.1%로 가장 높아 전공만족도가 가장 낮았습니다. 이어 △주변 권유(57.2%)나 △취업이 잘 될 것 같아서(42.9%)도 다른 전공으로 바꾸겠다는 응답이 높게 나타나는 등 외부 요인에 따라 전공을 선택한 경우 전공만족도가 낮았습니다.

취업에 대한 기대 역시 전공 만족에 적지 않은 영향을 미치는 것으로 나타났다. 잡코리아와 알바몬의 설문 결과 △취업을 낙관한다고 답한 대학생들은 '다시 선택한대도 지금의 전공을 택할 것'이라는 응답이 59.1%로 높았지만, △취업을 비관한다고 답한 대학생들은 그 비중이 19.7%로 3분의 1 수준에 불과했습니다.

출처: SBS 뉴스(https://news.sbs.co.kr). 2019. 04. 27.

[활동지 4-1]

전공 선택 이유 탐색

질문	답변
나의 전공	
초등학교 시절 장래희망?	장래희망?
	이유?
중학교 시절 장래희망	장래희망?
	이유?
현재 전공을 선택한 이유	(예: 흥미와 적성, 취업전망, 성적, 타인의 권유, 사회적 인식이나 명성 등)
현재 전공에 나의 생각	(전공 선택에 대한 만족 또는 후회 등 현재 자신이 속한 전공에 대한 자신의 생각을 자유롭게 작성해 주세요)
지금 시점에서 나의 희망	

② 전공 분야에 대한 정보수집

나의 전공이 정해졌다고 해서 저절로 전공역량이 강화되는 것은 아니다. 자신의 전공을 통해 취업으로 성공적 이동을 위해서라도 자신의 전공에 대한 깊이 있는 이해와 탐색이 필요하다. 자신의 전공에 대해 탐색하는 방법에는 어떤 것들이 있을까?

1) 전공 관련 기본 정보

자신이 소속되어 있는 학부(과)에 대해 알고 있는 것은 대학생활 적응을 위해 매우 중요하다. 나의 학부(과)장님은 어떤 분이실까? 우리 학부(과)의 행정을 담당하는 선생님은 누구신가? 나의 전공의 교육 목표는 무엇인가? 등 전공에 대한 심도 깊은 탐색 전 학교 홈페이지를 통해 나의 학부(과)와 관련된 기본 정보를 확인하고 필요에 따라 활용하면, 진로뿐만 아니라 다양한 학교생활에 도움을 받을 수 있을 것이다.

2) 전공 교과과정 로드맵

대다수의 학생은 입학과 동시에 특정 학부(과)에 소속된다. 어떤 전공은 단일 학과로 구성되어 있기도 하고, 어떤 전공은 학부(과) 안에 속해 있기도 하다. 자신의 전공이 어떤 형태로 이루어졌든지 대학생활 적응 및 진로개발을 위해 자신의 전공에서 제시하는 교과과정 로드맵을 탐색하는 것이 무엇보다 중요하다. 전공 교과과정 로드맵은 자신의 전공에서 어떤 교과목을 제공하고, 그 교과목을 통해 어떤 역량을 키울 수 있을지 가늠하는 중요한 도구로 활용될 수 있다.

최근 채용시장에서 직무 적합성의 중요성이 대두됨에 따라 직무에 따른 전공의 중요성도 높아지고 있다. 2018년 구인구직 매칭 플랫폼 사람인에서 직장인 546명을 대상으로 전공과 직업의 관계에 대한 조사를 실시한 결과 76.9%가 전공을 살려 취업하는 것이 회사생활에 도움이 된다고 생각하고 있다는 것이다. 그 이유는 다수의 응답자들이 업무 이해력과 적응이 빠르기 때문, 지속적으로 해당분야의 지식과 경험을 쌓을 수 있기 때문, 배운 지식을 직장에서 활용할 수 있기 때문이라는 응답과 더불어 스스로 직업에 대한 정체성이 확고하기 때문이라고 하였다. 나아가 전공과 직업이 일치되는 경우 좀 더 나은 근로조건(급여, 직무만족 등)에서 일을 할 수 있는 것으로 알려져 있다.

아직 전공에 대한 정보가 취약한 경우 교과과정 로드맵을 통해서 전공과 관련된 주요 키워드를 발견하면서 전공에 대한 이해도를 증진시킬 수 있다. 또한 이렇게 탐색한 정보를 바탕으로 자신의 관심분야, 진출하고 싶은 진로 영역에 맞추어 선택한 교과과정을 이수하여 진로역량 강화의 밑거름이 될 수 있을 것이다.

3) 전공 해당분야 선배와 만남

학부(과) 홈페이지를 통해 자신의 전공에 대한 기초적인 정보와 교과과정을 기반으로 한 전공 이수체계도를 통해 전공에 대한 이해가 깊어졌을 것이다. 그렇지만 아직도 전공에 대해 막연한 마음이 크다면, 학부(과) 선배나 전공 관련 직무를 담당하는 선배를 통해 전공에 대하여 조금 더 깊이 탐색할 수 있을 것이다. 전공 관련 선배를 만나기 어려운 상황이라면, 전공 교수님을 찾아뵙는 것도 대안이 될 수 있다. 타인을 통해 전공 분야에 대한 탐색을 하고자 할 때는 어떤 사람을 만날지를 먼저 선정하는 것이 중요하다. 내가 만나고자 하는 사람이 내가 알고 싶어 하는 분야에 대한 경험이 풍부하면 풍부할수록 도움을 많이 얻을 수 있을 것이다. 만약, 해당 전공 분야의 선배를 만난다면 어떤 질문을 통해서 자신의 전공에 대해 조금 더 깊이 알 수 있을까?

- 선배가 하는 일: 직장명, 직업 현장 상태 등
- 선배의 업무 만족도 및 업무 만족에 영향을 끼치는 요인
- 해당 직종의 미래 가능성
- 지금의 직업을 가지기 위한 구체적인 노력 등

나의 전공을 소개합니다

○○○○ 학부(과)를 소개합니다			
교육목표			
교수님 소개	성명	전공 및 연구 분야	담당 교과목	교수님 특징
주요 연혁	연도	주요내용		
전공소개				

교육시설	시설명	설명		

학부(과) 장학제도	장학금명	금액	선발기준	

학부(과) 행정지원	학부(과)장	교수님	
	조교	선생님	
	학부(과) 사무실 위치		
	학부(과) 홈페이지 주소		
	학부(과) 전화번호		

졸업 후 진로 (취업정보)	

작성 후 소감	

[활동지 4-3]

전공이수체계도[학부(과) 홈페이지 기준]

관심진로분야:					
학년	학기	전공필수	전공선택	교양필수	교양선택
1	1				
	2				
2	1				
	2				
3	1				
	2				
4	1				
	2				

③ 전공 분야 관심주제 찾기

전공에 대한 정체성을 확립하기 위해서는 전공 분야에서 자신의 관심주제를 발견하는 것이 중요하다. 전공 분야에서 관심주제를 찾기 위해서는 전공 분야 관련 정보를 자주 접하는 것에서 출발해서, 사회적 이슈를 속에서 자신의 전공 분야 관련 내용을 찾는 습관을 가져야 한다. 앞서 제2장 '내가 나를 만날 때'와 제3장 '내가 우리를 만날 때'를 통해 자신의 성격을 이해하고, 적성과 흥미에 대해 탐색해 보았을 것이다. 이렇게 객관적인 검사를 통해 이해한 자신의 모습을 바탕으로 전공 분야 중 어떤 부분이 나의 성격 및 적성과 흥미를 고려하여 전공 분야의 관심 주제를 찾아야 한다.

전공 분야의 관심 주체를 찾기 위해 개인적으로는 본인 학부(과)에 대한 정보와 함께 노동부에서 운영하는 워크넷을 통해 취업동향을 파악하고, 교육부에서 운영하는 커리어넷을 통해 진로와 직업전망을 확인하여야 한다. 또한 동료와 함께 전공 관련 토론의 기회를 자주 가질 필요가 있다. 나아가 학교에서 제공하는 동아리 프로그램 등을 활용해 동료들과 함께 전공에 관한 정보를 함께 탐색하고, 논의할 수 있는 다양한 장을 마련할 필요가 있다.

④ 전공 분야의 진로

자신이 속한 전공 분야의 진로를 탐색하기 위해 자신이 속한 학부(과) 홈페이지를 방문해보자. 각 학부(과) 홈페이지를 보면 상단 메뉴 중 취업정보 탭이 있다. 이 탭을 이용해 자신이 속한 분야의 진로를 확인할 수 있다. 이 탭에서 제공하는 기본정보를 바탕으로 자신의 전공 분야의 진로를 찾아가는 연습이 필요하다.

나의 전공! 나의 진로!!

우리 학부(과) 홈페이지 주소	
우리 학부(과) 홈페이지에서 찾을 수 있는 정보	
우리 학부(과) 홈페이지에서 찾은 취업정보	
홈페이지 정보외 내가 찾은 우리 전공의 진로	
가장 관심 있는 진로분야	

05

변화하는 직업세계

학습 목표

- 직업의 전통적 의미를 설명할 수 있다.
- 4차 산업혁명 이후 변화하는 직업세계에 대해 설명할 수 있다.
- 변화하는 직업세계에 능동적으로 대응할 수 있는 태도를 가진다.

05 변화하는 직업세계

1 전통적 의미의 직업

직업은 사회적 지위나 직분을 의미하는 직(職: 벼슬 직)과 생계를 뜻하는 업(業: 업 업)이 합쳐진 말로 개인이 생활을 영위하기 위해 수입을 얻는 목적으로 하는 사회활동을 말한다. 즉, 직업은 사람이 살아가는 데 필요한 물질적 자원을 정당하게 취득할 수 있게 하는 수단이며, 사회적 지위를 결정해 주는 동시에 자아를 실현하는 기회를 마련해 주는 일련의 행위라고 할 수 있다. 직업과 유사한 말로 사용되는 것이 바로 일인데, 일(work)은 인간이 하는 모든 활동을 포함하는 광의의 의미로 볼 수 있는 반면, 직업(job)은 개인이 일정 시기에 지속적으로 수행하는 경제활동으로 사회적 지위와 경제적 보상이 동반되는 활동으로 핵심적인 직무를 사회적으로 조직화한 것이다.

어느 사회에서나 인간이 존재하는 곳에서는 직업이 존재하고 있다. 이러한 직업은 경제적 · 사회적 · 심리적 관점에서 중요한 의미를 지니고 있다.

첫째, 경제적인 의미에서 살펴보면, 직업은 개인에게 일을 할 기회를 제공하고 소득을 통해 경제생활을 영위하게 도와준다. 개인이 직업을 얻으려고 하는 이유는 수행한 일의 대가, 즉 노동의 대가로 임금(소득)을 얻기 위해서이다. 인간은 이렇게 획득한 소득을 통해 가족의 경제생활을 영위하고, 원하는 삶을 살아가고자 한다.

둘째, 사회적 의미에서 살펴보면, 직업은 직무를 바탕으로 자신의 역할을 담당하면서 의도하든 의도치 않든 사회발전 및 유지에 도움이 된다. 개인은 직업을 통해 사회적 역할을 분담하고, 사회 안에서 조직적이고 유기적인 분업관계에서 사회적 분업단위를 담당한다.

셋째, 심리적 의미에서 살펴보면, 직업은 개인의 자아실현의 도구로 활용된다. 개인은 직업을 통해 이상을 실현하고, 잠재적 능력이나 소질 · 적성 등을 개발하여 욕구를 충족하여 만족스러운 삶은 영위한다. 또한 우리는 직업을 통해 자신이 가진 재능으로 서로에게 봉사한다. 직업은 단지 돈을 벌기 위한 수단만이 아니라 개인이 직업을 통해 타인과 소통하고 성장할 수 있는 도구가 되기도 한다.

4차 산업혁명시대의 도래

2016년 세계경제포럼(다보스포럼)에서 '4차 산업혁명'이라는 말이 처음 도입되면서 교육, 사회 전반에서 일반명사로 사용되고 있다. 4차 산업혁명은 인터넷 기반의 네트워크를 바탕으로 정보통신기술융합 및 서로 다른 분야의 연결을 통한 새로운 가치를 창출하는 것이다. 4차 산업혁명의 핵심은 빅데이터, 사물인터넷, 모빌리티, 인공지능, 클라우드, 나노기술, 3D프린트와 같은 새로운 기술 혁신을 바탕으로 각 분야의 경계가 허물어져 모든 것이 연결되는 초연결 시대의 시작이라는 것이다.

4차 산업혁명은 빅데이터의 등장으로 시작되었다고 할 수 있으며 빅데이터를 기반으로 한 분석 기술의 고도화에 따른 인공지능이 발전되었다. 인공지능의 발달은 모든 것이 연결된 사물인터넷 환경이 조성에 기여하였다. 또한 인공지능은 대용량 고사양 하드웨어를 요구하기 때문에 클라우드에 있는 고사양 분석 서버를 활용하게 되어 클라우드의 발전도 가져왔다. 클라우드에 있는 분석 서버에서 분석된 결과는 사용자 인터페이스(모바일)를 통해 제공되어 언제, 어디서나, 누구나 정보를 접근하고 이용할 수 있는 초연결 시대인 4차 산업혁명시대가 도래한 것이다.

4차 산업혁명시대 도래와 함께 각 대학에서는 인재 양성을 위해 4차 산업혁명 핵심기술인 빅데이터(Big Data)·사물인터넷(IoT)·모바일(Mobile)·인공지능(AI)·클라우드(Cloud) 기술 중심의 특성화 교육과정을 개설하였다. 앞 글자를 따서 BIMAC 교육과정이라고 하며 각 대학은 이를 중심으로 재학생의 미래역량 강화에 힘쓰고 있다.

4차 산업혁명시대의 BIMAC 교육과정의 내용을 살펴보면 다음과 같다.

〈표 5-1〉 BIMAC 분야

분야	내용	관련 진로
Big data 빅데이터	• 정형 · 반정형 · 비정형 데이터세트의 집적물 • 크기(Volume): 수십 테라(베타)바이트 • 속도(Velocity): 대용량 데이터를 빠르게 처리하고 분석할 수 있는 속성. 데이터를 실시간으로 저장, 유통, 수집, 분석처리가 가능한 성능 • 다양성(Variety): 다양한 종류(정형, 반정형, 비정형)의 데이터	• 빅데이터전문가 • 빅데이터컨설턴트 • 빅데이터아키텍처전문가
IoT 사물인터넷	• 세상에 존재하는 유형 또는 무형의 객체들이 인터넷을 통해 다양한 방식으로 서로 연결 • 연결되어 있는 개별 객체들이 제공하지 못했던 새로운 서비스를 제공 • 센싱 기술, 유 · 무선 통신 및 네트워크 인프라, IoT 서비스 인터페이스 기술 등	• 사물인터넷개발자 • 사물인터넷사업기획자
Mobile 모바일	• 이동 중 사용 가능한 컴퓨터 환경으로 정보통신에서 이동성을 가진 것의 총칭 • 모바일 기기: 태블릿 PC, 휴대용 게임기, 웨어러블 컴퓨터, 스마트 폰 등 • 저장 배터리기술, 블렉서블 디스플레이기술, 웨어러블 컴퓨팅 기술 발달로 모바일의 발달을 촉진	• 모바일콘텐츠개발자 • 모바일애플리케이션개발자 • HCI(Human-Computer Interaction)컨설턴트
AI 인공지능	• 인간의 학습능력과 추론능력, 지각능력, 자연어의 이해능력 등을 컴퓨터 프로그램으로 실현한 기술 • 단독으로 존재하는 것이 아니라 컴퓨터 과학의 다른 분야와 직간접적으로 관련을 맺음 • 관련분야: 자연어처리, 전문가시스템, 영성 및 음성인식, 문자인식, 신경망 등	• 인공지능플랫폼개발자 • 소셜큐레이션서비스기획자
Cloud 클라우드	• 소프트웨어와 데이터를 인터넷과 연결된 중앙 컴퓨터에 저장하고 인터넷에 접속하기만 하면 언제, 어디서든 데이터를 이용할 수 있도록 하는 것 • 민첩성: 광범위한 기술에 쉽게 엑세스하여 단 몇 분 만에 기술 서비스를 배포 • 탄력성: 리소스를 프로비저닝할 수 있어 비즈니스 요구가 변화함에 따라 리소스를 확장하거나 축소	• 클라우드컴퓨팅개발자 • 클라우드시스템엔지니어 • 정보보안전문가

[활동지 5-1]

전공 속의 BIMAC

※ BIMAC 각 분야에서 나의 전공에 적용할 수 있는 것은 무엇인지 탐색해 보고 그 이유를 작성해 봅시다.

BIMAC 분야	나의 전공에 적용할 수 있는 분야	그 이유
빅데이터 Big data		
사물인터넷 IoT		
모바일 Mobile		
인공지능 AI		
클라우드 Cloud		

[활동지 5-2]

4차 산업혁명의 이해

※ 4차 산업혁명시대의 주요 변화에 대해 생각해 봅시다.

분야	주요변화	참고자료
과학기술		주요변화를 조사한 URL을 모두 작성
경제와 산업		
사회와 윤리		
고용과 노동		

③ 내일의 직업세계

4차 산업혁명을 통해 경제와 산업, 교육 등 사회 전반에서 말 그대로 혁명적인 변화가 일어났다. 이러한 변화는 노동시장도 큰 영향을 끼치고 있어, 수없이 많은 일자리가 곧 사라질 것이라는 예측도 나타나고 있다. 하지만, 일자리 수가 줄어드는 변화보다 기존의 직무가 새로운 직무 형태로 대체될 가능성으로 예측하는 것이 더욱 타당할 것이다. 예를 들어, 지식 전달자로서의 교사의 직무는 기계로 대체될 가능성이 높다. 반면, 학생의 토론을 촉진하고 이 속에서 촉진자로서의 역할을 한다거나, 학생에게 끊임없이 사랑과 관심을 보여 주는 보호자로서의 역할을 강화하는 방식으로 교사의 직무가 변화될 가능성이 높다는 것이다. 따라서 인간과 네트워크, 인간과 기계 사이의 역동적 협력 형태를 포함하는 작업방식으로의 전환은 인간만이 할 수 있는 고유 영역을 찾거나, 기계와 공존할 수 있는 태도를 갖추는 것을 요구한다.

이 장에서는 미래사회의 직업세계 변화에 대한 예측을 기반으로 개인의 대응에 대해 생각해 보고자 한다.

1) 직업세계의 변화

미래 직업세계는 경제적 요인, 인구학적 요인, 기후와 에너지 요인, 사회적 요인, 기술적 요인으로 첨단 과학기술의 발전 등으로 인해 변화가 일어날 것으로 예상한다. 또한 대학생이 직업인으로 첫 발을 내딛게 될 미래의 직업세계는 예상보다 더 빠르게 변화할 것이다. 사회변화에 따른 직업세계는 어떤 변화를 겪을 것인가?

첫째, 조직은 다이아몬드구조로 변화한다. 과거에는 다수의 노동자가 그보다 적은 수의 관리자와 극소수의 임원진이 결정한 일을 그들의 관리감독 하에 업무를 수행하는 것은 보편적으로 생각해 왔다. 반면, 오늘날에는 근로자들이 의사결정에 참여하는 기회가 확대되면서 근로자가 실질적인 방식으로 회사를 이끌어 가는 기회가 확대되었다. 이렇게 근로자들이 회사를 이끌어 가는 중추적인 역할을 담당하면서 안정적인 직업패턴이 줄어들었지만, 근로자의 실력 향상을 위한 지속적인 자기개발 문화가 확대되었다.

둘째, 취업보다는 창업형태가 늘어난다. 오늘날은 다양성이 존중되면서 개인의 삶을 희생해야 하는 조직에 적응하지 못하거나 적응하기를 거부하는 사람들이 늘어났다. 자신의 개성과 능력을 살릴 수 있는 일인 창업과 같은 형태가 확장되고 있어 이러한 변화에 능동적으로 대처할 수 있는 태도를 갖추는 것이 중요하게 요구되었다.

셋째, 직업의 세분화, 전문화와 이에 따른 직무의 변화가 나타난다. 미래 직업세계의 변화와 관련된 논의의 주요 화두는 세분화, 전문화, 다양화와 같은 단어들이다. 세분화는 과거 대량생산 중심의 산업구조가 점차 분화되면서 각 생산단계가 새로운 직업으로 분화되었음을 말한다. 전문화는 세분화된 직업들이 전문성을 요구한다는 것을 의미한다. 다양화는 선택할 수 있는 직업이 세분화되고 전문화되어 사람들 간 서로 다른 직업을 가질 만큼 종류가 다양해졌음을 의미한다. 이러한 변화는 지식의 생성과 소멸 주기가 짧아지면서 직업에서 수행해야 하는 직무의 성격이나 내용에 많은 변화를 요구하게 된다.

넷째, 영역 간의 융합이 요구된다. 미래세계는 직업의 세분화 및 전문화와 함께 분야별 경계가 허물어져 서로 합쳐지면서 새로운 융합형 직업이 생겨날 것이다. 융합이란 개인의 적성과 흥미의 결합에서부터 지식과 기술 간의 융합까지 다양한 영역에서 이루어질 수 있다. 개인 방송이 우세한 시대에 개인방송을 통해 자신의 전문분야를 알려 주는 크리에이터들이 자신의 지식과 개인의 흥미를 융합한 대표적 사례라고 할 수 있다.

다섯째, 다양성을 기반으로 다양한 문화의 사람과 함께 일을 해야 한다. 미래 직업세계는 직업 또는 직무 간의 영역뿐만 아니라 국가 간의 구분도 무너지게 될 것이다. 이미 우리는 세계 여러 곳에 있는 사람들과 소통하는 것과 외국 물건을 구입하는 일이 일상이 되었다. 특히 세계화로 인해 일자리를 두고 세계 각국의 구직자들과의 경쟁이 심화되고 있는 현실에서 다양한 방면에서 능력을 갖추기를 요구한다. 더불어 물리적인 공간을 초월한 협업 환경이 구축되면서 다양한 문화를 수용하고 공유할 수 있는 태도를 갖출 필요가 있다.

여섯째, 기계와 공존하는 삶을 살아야 한다. 인공지능은 축적된 방대한 분량의 데이터를 분석해서 미래를 예측하고, 판단하는 능력이 있다. 인공지능의 발달로 인간은 일자를 위협받을 것이라는 예측이 난무하고 있다. 그러나 전술한 바와 같이 인공지능의 발달로 인간이 설 자리가 없어진다고 두려워할 것이 아니라, 인간만이 할 수 있는 새로운 영역을 발굴하고, 인공지능을 활용할 수 있는 역량을 갖추어야 할 것이다.

그렇다면, 미래 직업세계의 변화를 이끄는 요인은 어떤 것이 있을까? 첫째, 경제적 요인으로 산업구조의 고도화와 세계 경제의 글로벌화가 직업세계의 변화를 주도한다, 둘째, 인구학적 요인으로 저출산 고령화로 대변되는 인구구조의 변화이다. 셋째, 기후와 에너지 요인으로 기후변화와 대체에너지의 확산이다. 넷째, 사회적 요인으로 경제성장과 사회변화에 따른 사람들의 가치관의 변화와 소비욕구의 고도화이다. 마지막으로, 기술적 요인으로 첨단 과학기술의 발전이 미래 직업세계를 변화시킨다.

2) 직업세계의 변화에 따른 개인의 대응

이러한 직업세계의 변화를 인식하고 대응하기 위한 태도에 대해 알아보자.

첫째, 언제 어디서나 활용 가능한 기술을 습득할 수 있도록 적극적으로 경력을 개발해야 한다. 오늘날 사회에서는 평생직장, 완전고용의 개념은 사라지고 고령화와 개인이 평생 일을 할 수 있는 능력을 개발하고 관리하는 것이 중요하다. 이에 따라 미래의 직업세계는 혁신적이고 창의적인 부가가치를 창출하여 기업의 경쟁우위를 유지시켜 줄 수 있는 인재를 요구하기 때문에 개인은 평생 고용가능성을 높이기 위한 다각적 노력을 해야 한다.

둘째, 다양한 사람과 협업할 수 있는 능력을 갖추어야 한다. 미래사회는 개인의 능력이 중요하게 요구됨과 동시에 직업의 세분화와 다양화로 인해 혼자서 할 수 있는 일은 사라지고 있다. 대다수의 직장에서도 팀을 기반으로 문제를 해결하고 있으며, 팀 프로젝트를 통해 아이디어를 도출한다. 따라서 개인적인 역량 개발뿐만 아니라 타인과의 조화를 바탕으로 문제를 해결하는 팀워크가 중요해졌다. 따라서 효과적으로 팀워크를 진행할 수 있도록 소통, 공감 능력 향상을 위한 노력을 해야 한다.

셋째, 급변하는 사회에 적응할 수 있는 변화관리능력을 갖추어야 한다. 예측이 어려울 만큼 사회의 변화속도가 빠르다. 문화 변화속도도 예외는 아니다. 이렇게 급변하는 사회에서 적응하기 위해 새롭게 변화하는 기술적 진보를 학습할 수 있는 태도는 물론이고, 자신이 알고 있는 지식이 전부라는 생각을 탈피하는 것이야말로 미래 직업세계를 준비하는 태도이다.

넷째, 창의적·비판적·독창적 사고를 통한 아이디어를 창출해야 한다. 4차 산업혁명 시대에는 창의력(creativity), 협업능력(collaboration), 비판적 사고력(critical thinking), 의사소통능력(communication)이라는 4가지 역량을 갖춘 인재가 되어야 한다. 미래의 직업세계는 도구를 사용해서 생산품을 만들어 내는 일은 점점 줄어들고 정보를 종합하여 새로운 아이디어를 바탕으로 문제를 분석하고 해결책을 제안할 수 있는 능력을 요구한다. 따라서 미래 직업세계에 능동적으로 대처하기 위해서는 적극적이고 비판적인 사고를 할 수 있어야 한다.

다섯째, 인간만이 할 수 있는 고유한 역량을 갖추어야 한다. 미래 사회는 인공지능의 발전으로 인해 정형화된 문제를 해결하는 일은 기계로 대체될 가능성이 높아진다. 인공지능은 딥러닝(기계학습)을 통해 진보하고 진화하여 의사보다 더 정확한 진단을, 판사보다 더 빠른 시간에 판례를 분석하여 더 정확한 판결을 할 수 있게 된다. 따라서 사회 변화 속에서 기계가 할 수 없는 나만의 경쟁력이 무엇인지 숙고하고 이에 대한 답을 하면서 나만의 경쟁력을 확보하는 것이 무엇보다 필요할 것이다.

[참고자료]

4차 산업혁명 시대의 유망직업 10선

연번	직업명	이유	관련기술
1	사물인터넷 전문가	사물과 사물이 대화를 나누기 위하여 사물을 감지할 수 있는 기기를 통해서 자료를 수집하고 이 자료를 데이터베이스에 저장하고 또한 저장된 정보를 불러내어 서로 통신할 수 있게 하는 사물인터넷 전문가의 수요가 더욱 증가됨	무선통신, 프로그램 개발 등
2	인공지능 전문가	인간의 인지·학습·감성 방식을 모방하는 컴퓨터 구현 프로그램과 알고리즘을 개발하는 사람의 수요가 증가됨	인공지능, 딥러닝
3	빅데이터 전문가	비정형 및 정형 데이터 분석을 통한 패턴 확인 및 미래 예측에 빅데이터전문가를 금융·의료·공공·제조 등에서 많이 요구함. 인공지능이 구현되기 위해서도 빅데이터 분석은 필수적임	빅데이터
4	가상현실 (증강·혼합) 전문가	가상(증강)현실은 게임·교육·마케팅 등에서 널리 사용하고 있으며 가상현실 콘텐츠 기획, 개발·운영 등에서 많은 일자리 생성이 기대됨	가상(증강) 현실
5	3D프린팅 전문가	3D프린터의 속도와 재료 문제가 해결되면 제조업의 혁신을 유도할 것으로 기대됨. 다양한 영역(의료·제조·공학·건축·스타트업 등)에서 3D프린팅을 위한 모델링 수요 증가 기대됨	3D프린팅
6	드론전문가	드론의 적용 분야(농약살포, 재난구조, 산불감시, 드라마·영화 촬영, 기상관측, 항공촬영, 건축물 안전진단, 생활스포츠 기록 등)가 다양해지고 있음	드론
7	생명공학자	생명공학이 IT와 NT가 융합되어 새로운 기술이 탄생하고 있음. 생명정보학, 유전자가위 등을 활용하여 질병치료 및 인간의 건강 증진을 위한 신약·의료기술이 개발되고 있음	생명공학, IT
8	정보보호 전문가	사물인터넷과 모바일 그리고 클라우드 시스템의 확산으로 정보보호 중요성과 역할이 더욱 중요해짐	보안
9	응용소프트웨어 개발자	온라인과 오프라인 연계, 다양한 산업과 ICT의 융합 그리고 공유경제 등의 새로운 사업 분야에서 소프트웨어의 개발 필요성이 더욱 증가함	ICT
10	로봇공학자	스마트공장의 확대를 위해 산업용 로봇이 더 필요하며 인공지능을 적용한 로봇이 교육·판매·엔터테인먼트·개인 서비스에 더 많이 이용될 것임	기계공학, 재료공학, 컴퓨터공학, 인공지능 등

* 출처: 김동규, 김중진, 김한준, 최영순, 최재현(2017). 4차 산업혁명 미래 일자리 전망. 한국고용정보원.

4차 산업혁명 시대의 위기직업 8선

연번	직업명	이유	관련기술
1	콜센터 요원 (고객상담원 및 안내원)	고객의 문의가 정형화되어 있어 질문에 대한 답변이 동일하게 반복되는 경우 인공지능에 의해 콜센터 요원이 수행하는 업무는 대체하기 용이함	인공지능, 빅데이터 분석
2	생산 및 제조관련 단순종사원	스마트공장이 확산되면서 제품을 조립하고 물건을 나르며 불량품을 검사하는 일이 산업용 로봇으로 그리고 제품의 이미지를 보고 불량 여부를 진단하는 일이 인공지능으로 대체될 가능성이 높음	스마트공장
3	치과기공사	3D프린터 영향 때문에 과거 복잡했던 보철물 제작의 공정이 줄어들고 제작 시간이 감소함	3D프린팅
4	의료진단 전문가	IBM의 Watson이 의사보다 CT 이미지를 보고 폐암을 더 정확하게 진단할 수 있음. 수많은 이미지 데이터를 분석하고 판독하고 진단하는 일은 인공지능이 더 인간보다 더 빠르게 잘할 수 있음. 스마트폰과 웨어러블 기기는 심박수뿐 아니라 스트레스 지수, 산소포화도 등 더 다양한 건강 관련 지수를 측정 가능. 향후 혈당, 혈압, 콜레스테롤 수치 등을 간단히 측정하는 기기가 발명되면 의료진단 업무 수행자의 업무는 변화 가능성이 높음	의료기기헬스, 인공지능
5	금융사무원	금융권에서 비교적 단순한 업무를 하거나 혹은 데이터에 근거해서 의사결정을 하는 업무가 위기에 빠질 수 있음. 은행직원이 없는 인터넷전문 은행, 핀테크 확산 및 소액결제 및 이체 시스템이 모바일을 통해 급속히 확산됨. 공인인증서가 없어도 그리고 상대방의 계좌번호를 몰라도 예금 이체 등이 자유로워지면서 금융사무원의 입지가 더욱 좁아짐. 보험계약자의 위험요소를 평가하여 보험가입 여부와 승인을 결정하는 일도 인공지능이 잘할 수 있는 일이 됨	핀테크, 빅데이터, 인공지능
6	번역가 (통역가)	과거 번역프로그램의 번역 결과는 실망스러웠으나 현재는 수학적 모델을 적용한 번역이 상당한 수준에 이르렀음. 스마트폰으로 음성을 인식하여 통역하는 서비스 수준도 더 향상될 것이므로 번역 및 통역가의 수요 감소	인공지능, 음성인식
7	창고작업원	아마존의 키바 로봇이나 자동컨베이어시스템 등 무인 자동운반시스템 도입으로 근로자는 업무 부담과 안전사고로부터 벗어날 수 있지만, 한편으로는 일자리 감소는 불가피. 또한 독일 BECHTLE 등에서 사용되고 있는 증강현실 스마트글라스 등이 창고관리 업무에 도입됨에 따라 물류 오류를 줄이는 동시에 생산성 향상으로 창고작업원의 인력도 감소할 것으로 예상됨	사물인터넷, 센서 기술, 증강현실 기술 등
8	계산원	메뉴 주문 터치스크린(키오스크)이 햄버거 패스트푸드점이나 프랜차이즈 식당, 커피전문점 등을 중심으로 빠르게 확산. 또 대기업 마트나 편의점에서는 무인화를 위한 기술개발에 적극 나서고 있고 시범 시행 중임	디지털화, 핀테크

* 출처: 김동규, 김중진, 김한준, 최영순, 최재현(2017). 4차 산업혁명 미래 일자리 전망. 한국고용정보원.

[활동지 5-3]

직업세계의 변화

※ 직업세계 트렌드 변화에 따른 10년 후 미래 유망직업은?

트렌드	유망직업	그 이유
지구온난화 대비 녹색직업		
유비쿼터스 시대를 이끄는 IT직업		
첨단기술 관련 직업		
세계화를 이끄는 직업		
산업과 기술의 융합형 직업		

트렌드	유망직업	그 이유
일과 삶의 균형을 추구하는 직업		
삶의 질 향상을 위한 서비스직업		
고령화와 다문화 사회를 위한 직업		

※ 직업세계의 변화에 대비하기 위해 무엇을 준비해야 할지 작성해 보세요.

※ 활동지를 작성하면서 새롭게 알게 된 것이나 소감이 있으면 작성해 주세요.

06

직업정보의 효과적 탐색

1. 자원관리와 정보활용 능력
2. 직업정보의 탐색

학습 목표

- 진로개발 및 진로설계를 위한 직업정보 탐색의 필요성에 대해 설명할 수 있다.
- 자신의 진로를 찾기 위해 효과적으로 직업정보를 탐색할 수 있다.
- 직업세계에서 요구하는 자원관리와 정보 활용 능력을 함양하기 위한 계획을 수립하고 실천할 수 있다.

06 직업정보의 효과적 탐색

1 자원관리와 정보활용 능력

인터넷의 발달에 따라 우리는 언제·어디서나 원하는 정보를 얻을 수 있는 세상을 맞이하게 되었다. 정보의 공유화로 인해 다양한 정보의 접근이 쉬워지고 시간과 공간의 제약 없이 할 수 있는 일이 많아졌음은 환영할 일이다. 반면, 거짓정보의 확산, 개인정보유출, 인간소외 등 정보화 사회의 어두운 측면도 배제할 수 없는 현실에서 우리는 새로운 정보를 정확하고 빠르게 찾아내고 선용할 수 있는 능력을 갖추어야 한다. 이를 자원관리와 정보활용능력이라고 말할 수 있다.

최근 정보통신기술의 발달과 SNS(Social Network Service)의 확장성을 고려한다면, 자원관리와 정보활용능력은 정보통신기기를 다룰 수 있는 능력, 정보를 탐색할 수 있는 능력, 수집된 정보를 선별하고 가공할 수 있는 능력, 데이터를 분석할 수 있는 능력을 포함하는 개념으로 정의되는 것이 타당할 것이다. 이러한 맥락에서 최근 디지털 리터러시라는 말이 사용되고 있다. 디지털 리터러시(digital literacy)는 인터넷에서 찾아낸 정보를 이해하고 정보의 타당성을 검증하여 정보의 내용에 대해 비판적 평가를 내림으로써 검증된 정보만을 올바로 사용하는 능력이다.

디지털 리터러시는 다음과 같은 기술, 역량, 태도로 구성되어 있다. 첫째, 정보통신기술과 이를 습득하는 기본적 지식을 갖추어 생활에 큰 불편을 느끼지 않을 정도의 기술수준을 말한다. 둘째, 생활에 효과적으로 적용하고 창의적으로 사용할 수 있는 역량을 의미한다. 셋째, 지식정보화사회가 지향하는 바람직한 가치관과 태도, 즉 개인정보보호를 위한 윤리적 요건을 갖춘다.

정보는 이용가치의 높고 낮음에 따라 중요도가 결정된다. 의사결정을 정확히 할 수 있도록 정보의 정확성 역시 매우 중요하다. 또한 정보가 필요로 하는 상황에 얼마나 적절히 제공되고 있는가 하는 적절성, 필요한 시기에 맞추어 제공되고 있는가 하는 적시성, 정보의 불확실성을 감소시키고 보다 확실한 의사결정을 하는데 도움이 되는 유용성, 하나의 정보는 또 다른 새로운 정보를 창출할 수 있도록 기여해야 한다는 융합성이 정보의 가치를 판단하는 기준이 된다.

이러한 맥락에서 자원관리능력과 정보활용능력은 오늘날 직무에서 매우 중요하게 요구되는 능력이라고 할 수 있다. 자원관리능력은 업무를 수행하는 데 시간, 자본, 재료 및 시설, 인적자원 등의 자원 가운데 무엇이 얼마나 필요한지를 확인하고, 이용 가능한 자원을 최대한 수집하여 실제 업무에 어떻게 활용할 것인지를 계획하고, 업무 수행에 이를 할당하는 능력이다. 또한 정보활용능력은 정보를 찾고 필요한 정보인지의 여부를 평가하며, 필요한 정보일 경우에는 효과적으로 활용하고 더 나아가 다양한 형태로 정보를 주고받을 수 있는 능력을 의미한다.

다음 표는 자원관리와 정보활용능력의 하위요소와 그에 따른 개념을 나타낸 것이다.

〈표 6-1〉 자원관리와 정보활용능력의 하위요소별 개념

영역	하위요소	개념
자원관리능력	시간관리능력	제한된 시간을 효율적으로 활용하여 과제를 실행하는 능력
	예산관리능력	과제를 실행하기 위해 필요한 재정을 우선순위에 따라 계획·확보·집행·평가하는 능력
	물적자원관리능력	과제를 실행하기 위해 필요한 물적 자원을 예상하고, 준비하여 작업 계획에 따라 운영 및 배분하는 능력
	인적자원관리능력	과제를 수행하기 위해 적합한 인력을 파악하고 확보하여 업무를 분장하는 능력
정보활용능력	정보수집·관리 능력	업무수행에 필요한 정보를 적시에 활용할 수 있도록 검색하고, 수집하고, 분류하고, 배치하는 능력
	컴퓨터활용능력	업무 상황에서 다양한 컴퓨터 응용 프로그램과 컴퓨터와 관련된 다양한 기술적인 장치를 활용하는 능력

* 출처: 임경희 외(2020). 자기개발과 진로설계(2판). 서울: 학지사. 재인용.

[활동지 6-1]

나의 자원관리 능력은?

※ 자원의 네 영역에 맞추어 여러분이 갖고 있는 자원을 구체적으로 작성해 보자.

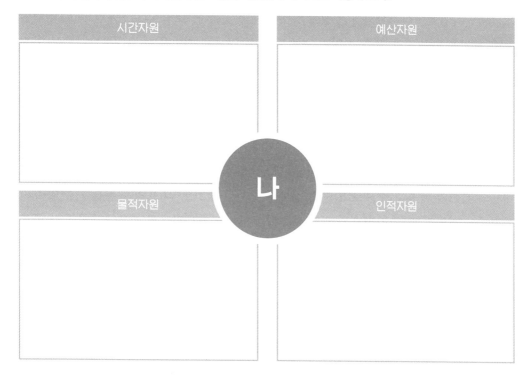

※ 앞에서 작성한 자원을 주로 활용하는 현재의 과업과 성취해야 할 과업을 자유롭게 작성해 보자.

구분	과업	주로 활용하는 자원
현재	예: 리포트 작성	시간자원, 예산자원
미래	예: 구직활동	시간자원, 예산자원, 인적자원, 물적자원

* 출처: 임경희 외(2020). 자기개발과 진로설계(2판). 서울: 학지사.

2 직업정보의 탐색

개인이 진로에서 어떤 선택이나 결정을 할 때 필요로 하는 자료를 진로정보라고 한다. 이러한 진로정보는 개인의 직업적응이나 직업발달에 도움을 주는 자료로, 일과 관련된 교육적 · 직업적 · 심리사회적인 정보를 망라하는 것이다. 또한 진로정보는 주로 직업인들이 무엇을 하는지와 같은 직업과 관련된 사실 정보에 기반을 두고 있어, 사람들이 직업세계에 관한 통찰과 이해를 얻도록 조력한다. 행복한 삶을 영위하기 위해 직업을 선택할 때는 여러 가지 정보를 고려해야 한다. 어떤 직업이 자신이 선택할 수 있는 범위 내에 있고, 그 직업은 무엇을 요구하며, 그 직업을 통해 제공받을 수 있는 것이 무엇인가 등에 대한 정확한 정보가 수반되었을 때 우리는 현명하게 직업을 선택할 수 있을 것이다.

진로와 관련된 정보는 내용, 이용대상, 제공방법 및 형태에 따라 분류될 수 있다. 첫째, 내용의 깊이와 폭을 기준으로 일반적 정보와 구체적 정보로, 내용의 종류를 기준으로 진학정보와 취업정보, 창업정보 등으로 분류된다. 둘째, 진로정보의 이용대상에 따라 학생이 이용하는 정보, 교사가 이용하는 정보, 학부모가 이용하는 정보, 구직자가 이용하는 정보 등으로 분류될 수 있다. 셋째, 진로정보의 제공방법에 따라 집단지도용 정보, 개별지도용 정보, 시청각기기를 이용하는 정보, 인쇄물을 이용하는 정보, 면담, 강의 등을 이용하는 정보, 정보통신기기를 이용하는 정보 등으로 분류될 수 있다.

이 장에서는 직업관련 전달체계를 기반으로 진로 및 직업정보를 취득하는 경로에 대해 좀 더 깊이 탐색해 보고자 한다.

1) 인쇄물을 통한 탐색

인쇄물을 통한 정보 탐색은 가장 일반적이며 전통적인 형태의 자료 탐색 방법이다. 인쇄물은 자료의 제작 · 보관 · 유통이 쉽고 빠르다는 장점이 있는 반면, 읽는 데 노력이 수반되며, 자료를 활용하는 사람의 역할이 수동적이고 한 번 발간되고 나면 수정이 어렵고, 사회 변화를 즉각적으로 수용할 수 없다는 단점이 있다. 진로 직업정보를 탐색할 수 있는 대표적인 인쇄물로는 한국고용정보원의 『한국직업사전』과 『한국직업전망』, 한국산업인력공단의 『한국직업사전』 등이 있다.

『한국직업사전』은 우리나라의 직업 총람으로 2019년 말 기준으로 12,823개의 직업 수, 16,891개의 직업명 수를 보여 주고 있다. 또한 체계적 직무분석을 통해 수행하는 직무와 정규교육, 숙련기간, 작업강도, 자격면허와 같은 각종 부가 직업정보와 직업 및 산업분류코드를 제공하고 있다. 직업세계와 노동환경은 기술의 발달, 경제상황의 변화, 정부의 정책 등에 따라 달라질 수 있기 때문에『한국직업사전』에 수록된 직업정보는 절대적인 자료가 될 수 없다는 한계를 가지고 있다. 그럼에도『한국직업사전』은 직업세계의 변화를 체계적으로 조사·분석하여 표준 직업명을 제정하고, 객관적이고 표준화된 직업정보를 제공하기 때문에 직업 상담자료, 구인·구직 연결시스템의 자료, 직업분류 기초자료, 직업교육 및 훈련의 토대, 통계 및 노동정책 수립의 자료로 활용된다.

『한국직업전망』은 우리나라 대표직업 약 200여 개에 대한 향후 10년간 일자리 전망을 바탕으로 진로탐색, 진로선택 등에 필요한 직업정보를 담고 있는 우리나라 대표적인 직업정보서다.『한국직업전망』은 일자리 전망 외에 특정 직업의 직무, 근무환경, 성별·연령·학력분포, 평균임금, 특정 직업을 얻기 위한 과정(교육 및 훈련, 관련학과, 관련 자격), 적성 및 흥미, 경력개발, 관련 정보(관련 직업, 분류 코드, 관련 정보처)등의 정보도 확인할 수 있다.

2) 인터넷을 통한 탐색

인터넷을 통한 정보 탐색은 검색이 용이하고, 실시간 정보를 업데이트하기에 용이하다는 장점이 있다. 반면, 잘못된 정보가 걸러지지 않은 채 노출될 수 있다는 단점도 있다. 오늘날 일반적인 정보 탐색 방법으로 활용되는 인터넷은 진로 및 직업정보 탐색을 위해서도 적극적으로 활용되고 있다. 각 기업과 공공기관에서 자체적으로 운영하는 홈페이지를 방문해서 구인·구직정보를 확인할 수 있을뿐더러, 정부나 민간의 고용 포털사이트에서 직업과 관련된 정보와 직종별 구인정보를 간편하게 검색할 수도 있다.

정부에서 운영하는 대표적인 취업포털사이트 워크넷(www.work.go.kr)은 고용노동부와 한국고용정보원이 공동 운영하는 웹사이트이다. 이곳은 구인·구직 정보를 비롯해 직업·진로정보를 제공한다. 워크넷의 주요 메뉴는 채용정보, 직업·진로, 고용복지정책, 훈련정보, 인재정보로 진로 및 취업과 관련된 모든 정보를 한곳에서 찾을 수 있도록 구성되어 있다. 회원가입만 하면 누구나 무료로 이용할 수 있을 뿐만 아니라 다양한 진로·취업 심리검사도 포함되어 있어, 취업을 준비하는 데 적극적으로 활용하여 개인의 진로개발에 도움을 받을 수 있다.

'개인 삶의 질 향상'과 '국가 경쟁력 강화'라는 두 가지 목표를 가지고 국민의 진로개발을 지원하는 기관인 한국직업능력개발원에서 운영하는 진로정보 포털사이트인 커리어넷(www.career.go.kr)도 다양한 진로관련 정보를 제공해 주고 있다. 커리어넷의 대표 메뉴로는 진로심리검사, 진로상담, 직업정보, 학과정보, 진로동영상, 진로교육자료로 구성되어 있으며 각 메뉴를 통해 개인의 진로개발에 도움을 주고 있다. 커리어넷을 통해 진로탐색을 비롯해 다양한 진로관련 정보를 수집하여 개인의 진로발달을 이룰 수 있다.

워크넷과 커리어넷 외에도 취업정보를 제공해 주는 민간 운영 취업포털사이트도 다양하게 존재하고 있으며, 특히 자신이 속한 대학에서 운영하는 취업포털을 통해서도 자신의 진로개발에 도움을 얻을 수 있다.

참고자료

고용정보 웹사이트

1. 리크루트(www.recruit.co.kr)   2. 커리어(www.career.co.kr)
3. 인크루트(www.incruit.com)   4. 사람인(www.saramin.co.kr)
5. 잡코리아(www.jobkorea.co.kr)   6. 월드잡플러스(www.worldjob.or.kr)

3) 다양한 매체를 통한 탐색

인쇄물, 인터넷 외에도 TV, 게시판, 박람회, 영상, 영화 등의 매체를 통해서도 직업정보를 탐색할 수 있다. 이들 매체는 인쇄물에 비해 이용의 편의성이 높으며, 사용자 자신에게 맞는 매체를 선택함으로써 직업정보를 탐색하는 개인의 동기를 유발할 수 있다.

4) 면담을 통한 탐색

여러 가지 다양한 진로나 직업을 대표하는 사람과 면담을 통해 진로정보를 수집하는 방법으로 크게 네 가지로 분류할 수 있다. 첫째, 각급 학교에서 운영하는 '진로의 날'과 같은 행사를 통해서 이루어진다. 예를 들어, 어떤 특정 직업을 대표하는 사람이나 진로관련 교육을 담당하는 사람에게 직업(일)의 세계에 관해 정보를 듣는 방법을 말한다. 둘째, 인사관리자와 면담을 통해 정보를 수집하는 방법이 있다. 이는 다양한 직무를 직접 수행하는 직업인이나 폭넓은 직업의 요구조건에 관해 잘 알고 있는 인사관리자를 직접 방문하거나 인사관리자를 초청해서 직업을 얻기 위해 갖추어야 하는 역량 등을 전달받는 방법이다. 셋째, 해당 일을 하는 사람 옆에서 관찰하면서 직무를 분석하는 방법이다. 그러나 이 방법은 현실적으로 쉽게 이루어지기 어려운 한계가 있다. 마지막으로, 경력개발센터나 고용센터의 상담서비스를 활용하는 방법이다. 취업지원관 등이 상주해 진로개발 및 취업준비에 관헌 전문적 상담을 해 주는 것으로, 이 방법은 우리 대학의 대학일자리센터 방문을 통해서 이용할 수도 있다.

5) 견학 및 실습을 통한 탐색

공장이나 회사 또는 학교 등을 직접 방문하여 필요한 직업정보나 교육정보를 얻는 방법이다. 직업체험 또는 현장방문 등을 통해 이루어질 수도 있고, 인턴십 등을 통해 해당 직무를 경험할 수 있다. 이는 실제 작업 상황에서 수행되는 일을 관찰하고 현장 종사자들과 직접 이야기를 나눌 수 있으며, 직장 분위기를 체험할 수 있다는 장점이 있으나, 자신의 관심분야에 맞는 기관을 방문하기 어렵다는 한계를 지니고 있다.

[활동지 6-2]

나의 관심분야 직업정보 찾기

※ 대학 졸업 후 진출하고 싶은 희망 직업 중 상위 3개를 작성해 보세요.

희망하는 직업명 (상위 3위까지)	1위	
	2위	
	3위	

※ 다음 질문지를 작성하면서 나의 관심분야 직업에 대해 구체적으로 알아봅시다.

※ 희망하는 직업 1위에 대한 직업정보 조사

희망하는 직업명	
희망하는 직업에 대한 설명	
희망하는 직업을 준비하는 방법 (구직방법, 관련전공, 요구하는 학력, 자격조건 등)	
희망하는 직업에서 요구하는 능력, 역량	
희망하는 직업에서 요구하는 적성, 흥미 (직업심리검사 결과 활용)	
희망하는 직업의 임금 및 복지 (근무환경, 월평균 급여, 복리후생조건 등)	
희망하는 직업의 어려운 점	
희망하는 직업의 취업 동향	
희망하는 직업의 10년 후 전망	

❋ 희망하는 직업 2위에 대한 직업정보 조사

희망하는 직업명	
희망하는 직업에 대한 설명	
희망하는 직업을 준비하는 방법 (구직방법, 관련전공, 요구하는 학력, 자격조건 등)	
희망하는 직업에서 요구하는 능력, 역량	
희망하는 직업에서 요구하는 적성, 흥미 (직업심리검사 결과 활용)	
희망하는 직업의 임금 및 복지 (근무환경, 월평균 급여, 복리후생조건 등)	
희망하는 직업의 어려운 점	
희망하는 직업의 취업 동향	
희망하는 직업의 10년 후 전망	

※ 희망하는 직업 3위에 대한 직업정보 조사

희망하는 직업명	
희망하는 직업에 대한 설명	
희망하는 직업을 준비하는 방법 (구직방법, 관련전공, 요구하는 학력, 자격조건 등)	
희망하는 직업에서 요구하는 능력, 역량	
희망하는 직업에서 요구하는 적성, 흥미 (직업심리검사 결과 활용)	
희망하는 직업의 임금 및 복지 (근무환경, 월평균 급여, 복리후생조건 등)	
희망하는 직업의 어려운 점	
희망하는 직업의 취업 동향	
희망하는 직업의 10년 후 전망	

[활동지 6-3]

셀프 인터뷰 계획서

※ 자신이 희망 직종에 근무하고 있는 직업인이라고 가정하고, 질문에 스스로 답해 보면서 희망 직업을 구체화해 봅시다.

질문	답변
희망근무 회사	
희망근무부서	
지원 분야의 구체적 직무내용	
희망하는 근무형태	
희망급여(신입)	
희망복리후생제도	
근무지역	
채용시기 및 전형방법	
승진체계	
기타 궁금한 내용	

07

그래! 결심했어

1. 진로 결정의 과정
2. 진로 미결정의 이해
3. 합리적 의사결정

학습 목표

- 진로의사결정 개념을 이해하고 다양한 진로의사결정 유형을 말할 수 있다.
- 진로 미결정 유형을 알고, 자신의 진로 미결정 이유를 설명할 수 있다.
- 합리적 의사결정 방법에 따라 진로의사결정을 할 수 있다.

07 그래! 결심했어

1 진로 결정의 과정

청소년기에 이르면 인간은 '나는 누구인가?'와 같은 정체감에 대한 질문이 자연스럽게 생긴다. 정체감은 자신이 무엇을 좋아하는지, 어디에 관심이 있는지, 어떤 능력을 지니고 있는지, 자신의 가치는 어떠한지 등에 대한 관심을 바탕으로 자신을 알고자 하는 욕구를 말한다. 청소년기에는 자신에 대한 탐색을 통해 자기 스스로에 대한 이해를 높이고, 자신이 하고 싶은 일과 할 수 있는 일을 발견하여 그 사이의 간극을 좁혀 가는 방법을 알아가게 된다. 이러한 과정은 진로탐색으로 발달한다.

진로탐색은 자신에 대한 이해를 바탕으로 사회의 다양한 직업군에 대한 관심을 가지고 각 직업군에서 요구되는 능력에 대한 정보를 수집하는 것을 말한다. 진로탐색이 이루어지고 나면, 우리는 어떤 직업이 나에게 적합할지 고민하게 된다. 또한 직업과 관련된 정보를 수집하면서 점차 자신에게 알맞은 직업을 선택하는 과정으로 발전한다. 각 개인은 원하는 직업을 선택하고, 자신의 선택에 대한 책임감을 갖고 그 직업을 준비하기 위한 행동을 하게 된다. 이러한 맥락에서 진로 결정은 한순간에 이루어지는 결과물이 아니라 점진적으로 진행되는 과정으로 볼 수 있다.

진로 결정은 개인의 행복과 생산적 활동을 위해 직업을 선택하고 구체화하여 이를 통한 성공과 안정을 취하기 위한 모든 경험을 말한다. 한국의 경우 고등학교를 졸업하고 사회로 진출하기 직전 단계인 대학생의 진로 결정에 대한 중요성이 강조되고 있다.

② 진로 미결정의 이해

인간은 일생을 살아가는 동안 다양한 상황에서 선택과 결정을 해야 한다. 선택의 순간 여러분은 어떤 것을 우선순위에 두고 있는가? 선택의 순간마다 최선의 선택을 위해 타인의 의견을 구하기도 하고, 인터넷을 통해 정보를 탐색하기도 하고, 자기 자신에게 질문을 하기도 한다. 이렇게 치열하게 고민하고 선택한 것이라고 해도 그것이 최선의 선택이라고 확신할 수 없지만, 그럼에도 불구하고 최선의 선택을 위해 지금도 부단히 노력하고 있는 것은 사실이다. 최선의 선택, 즉 의사결정을 잘하기 위해서는 무엇보다 자기를 이해하고, 환경을 잘 아는 것이 필요하다.

진로의사결정은 전술한 바와 같이 선택 가능한 여러 진로 중 자신의 특성을 고려해서 자신에게 최선의 진로라고 생각되는 것을 선택하는 과정이다. 이 과정에서 최선의 선택을 위해 자기를 잘 알아야 하며, 직업세계를 이해하고 관련된 정보를 탐색하는 능력을 갖추어야 한다. 자신에게 잘 맞는 직업이 무엇인지, 그 직업을 이루기 위해 어떤 것이 필요한지, 그 직업의 전망은 어떠한지와 같은 정보가 충분할 때 올바른 의사결정을 할 수 있다.

진로는 인간이 일생을 통해 살아가는 길이기 때문에 진로의 과정에서 우리는 끊임없이 선택과 의사결정을 요구받는다. '인문계 고등학교를 진학할 것인가?', 특성화 고등학교를 진학할 것인가?' '대학에 진학할 때 어떤 학과를 선택하고 어느 대학에 진학할 것인가?' '대학 졸업 후 학업을 연속할 것인가, 취업을 할 것인가?' '취업을 한다고 하면 어떤 직업을 선택하고 어떤 직장을 선택할 것인가?'와 같이 매 순간 선택의 기로에 놓이게 되고, 때마다 합리적 선택을 위한 의사결정을 요구받는다. 따라서 진로선택을 위해서는 의사결정 방식에 대한 이해가 필요하다.

반면, 진로선택 과정에서 의사결정을 하지 못하고 미루고 있는 상태인 진로 미결정은 진로의 과정에 놓여 있는 사람에게 심리적 불안을 야기한다. 특히, 취업 직전단계에 해당되는 대학생은 진로 미결정에 따른 심리적 불안뿐만 아니라, 사회적 압력까지 가해지면서 이중고를 겪고 있다. 진로의 과정에서 심리사회적 어려움을 야기하는 진로 미결정은 왜 발생하는 것일까? 진로 미결정의 원인을 바라보는 관점은 다양하다. 우유부단한 성격 특성에서 비롯된 개인 내적 문제를 원인으로 보는 경우도 있고, 진로 발달 과정에서 발생하는 자연스러운 현상으로 보는 견해도 있다.

여러분이 만약 진로를 결정하지 못했다면 그 원인은 무엇일까?

[그림 7-1] 진로 미결정 원인의 이론적 분류체계

* 출처: Gati, Krausz, & Osipow (1996). A Taxonomy of Difficulties in Career Decision Making. *Journal of counseling psychology, 43*(4), 510-526.

Gati와 Krausz, Osipow(1996)는 이론과 경험 사이의 상호작용을 통해 [그림 7-1]와 같이 진로 미결정의 원인을 계층적으로 규명하였다. 그들은 진로 미결정 원인을 진로 결정 전 단계와 진로 결정 중 단계로 나누고 각 단계의 하위에 진로준비의 부족, 진로관련 정보의 부족, 진로관련 정보 간 불일치 등을 범주로 두고 설명하고 있다. 진로준비 부족은 진로를 결정하기 전 단계에 발생되는 문제로, 이 단계를 빨리 벗어날 수 있도록 노력해야 한다. 진로준비 부족은 진로선택에 대한 낮은 동기, 의사결정 일반에 나타나는 문제인 우유부단과 더불어 자신의 신념과 일치되는 진로가 나타나야만 한다는 잘못된 신념, 진로 결정 절차 및 단계에 대한 준비 부족을 원인으로 설명하고 있다.

정보 부족과 정보 불일치의 범주는 그나마 진로 결정의 과정에 있으나 여전히 진로가 결정되지 않은 상태를 의미한다. 먼저, 정보 부족의 범주는 세 가지 원인으로 구분되는데 내부적이고 주관적 정보인 자신에 대해, 외부적이고 객관적 정보인 직업에 대해, 그리고 추가로 정보를 얻는 방법에 대한 정보가 부족하여 진로를 결정하지 못하고 있다는 것이다. 자신에 대한 정보가 부족한 학생은 자신이 무엇을 좋아하는지, 어떤 일을 잘할 수 있는지를 잘 모른다. 자신의 흥미, 적성, 성격, 가치관 등 진로의사결정에서 중요하게 고려해야 할 자신에 대한 정보가 부족하다는 것이다.

직업에 대한 정보 부족은 자신이 하고 싶어 하는 일을 막연하게 생각하고 있어 그 직업에 대한 구체적인 내용을 모르고 있는 경우이다. 쉽게 일하고 많은 돈을 벌고 싶은 상태의 학생이 직업에 대한 정보가 부족해서 이것도 하고 저것도 하고 싶다고 응답하는 경우가 많다. 추가적인 정보를 얻는 방법을 몰라 아무리 검색해도 제가 원하는 정보를 찾을 수 없다고 호소하는 학생들을 종종 마주하게 된다. 이런 호소를 하는 학생이 전형적으로 정보를 탐색하는 정보가 부족한 상태라고 할 수 있다. 이전 장에서 살펴보았듯이 정보를 탐색하는 방법은 다양하게 있다. 정보를 얻는 방법을 잘 몰라서 진로 결정에 어려움을 겪는 학생이 있다면, 제6장을 다시 한번 참고해서 정보 획득방법에 대해 충분히 숙지하기를 권한다.

정보 불일치의 범주는 신뢰할 수 없는 거짓정보를 포함한 모호한 정보, 개인 내부 충돌을 의미하는 내적갈등과 타인과의 영향에서 일어나는 외적갈등을 진로 미결정의 원인으로 설명한다. 거짓정보는 개인의 선호에 대한 혼란스러운 정보, 학생이 감지하고 있는 능력에 대한 신뢰할 수 없는 정보, 적절하다고 여겨지는 진로대안들과 관련된 믿을 수 없는 정보 등 세 가지 다른 영역으로 세분화된다. 내적갈등은 양립할 수 없는 두 가지 선호가 대립되는 경우를 일컫는데, 이를테면 성적은 안 되는데 의과대학을 진학하고 싶다거나, 사회복지사가 되고 싶은데 돈을 많이 벌고 싶다거나 하는 두 가지 서로 양립할 수 없는 경우 발생되는 것이다. 외적 갈등은 주로 부모와 같은 주요한 타인의 영향에 기인한다. 부모님은 사범대학에 진학을 희망하고, 본인은 예술을 전공하고 싶어 할 때 발생되는 갈등을 일컫는다.

또한 Marcia(1966)은 다음과 같이 진로 결정에 대한 책임감과 자아탐색 과정을 기준으로 진로정체감에 따른 진로의사결정 수준을 설명하고 있다.

[자아탐색과정]

	있다	없다
진로 결정에 대한 책임감 있다	정체감 성취	조기완료
없다	유예	혼미

[그림 7-2] Marcia의 자아정체감에 따른 진로의사결정 수준

　정체감 성취 수준은 자신에 대한 탐색을 통해 자아 정체감을 형성하고, 진로 결정을 한 후에 이 결정에 책임을 다하고 있는 상태를 말한다. 유예 수준은 자신에 대한 탐색이 계속 진행 중인 상태로 여전히 탐색 중이기 때문에 정체감형성이나 결정한 진로에 대한 책임감은 나타나지 않는 상태이다. 조기완료 수준은 자신이 진로탐색을 하는 과정을 생략한 채 부모가 원하는 진로로 나아가고자 하는 상태를 말한다. 혼미 수준은 정체감에 대한 탐색과정과 정체감 형성 후 책임감이 모두 결여된 상태로 정체감 형성과 진로 결정에 대한 욕구가 없는 상태이다.

　진로와 관련해 Harren이 분류한 의사결정유형을 살펴보고자 한다. Harren은 의사결정유형을 합리적·직관적·의존적 의사결정유형으로 분류하였다. 합리적 양식은 논리적이고 체계적으로 의사결정을 하며, 자신이 내린 결정에 대해 책임을 지고, 미래의 의사결정을 위한 정보를 수집한다. 그러나 합리적 의사결정유형은 의사결정에 시간이 걸린다. 직관적 양식은 의사결정을 할 때 자신의 감정을 활용하고 결정에 대한 책임은 지지만 정보수집 등 의사결정에 대한 준비는 별로 없어 잘못되거나 실패할 확률은 높지만 의사결정이 신속하다. 의존적인 양식은 의사결정시 결정에 대한 책임을 자신 이외 가족이나 주변사람들에게 전가하는 특징이 있고, 사회적 승인욕구가 높으며 수동적이고 복종적인 특징이 있으며 결정을 내릴 때 불안이 높다.

〈표 7-1〉 환경과 자신에 대한 인지에 따른 의사결정 유형

환경 ＼ 자신	잘 모름	잘 알고 있음
잘 모름	혼돈 / 무기력	직관적 의사결정
잘 알고 있음	의존적 의사결정	합리적 의사결정

Marcia의 자아정체감에 따른 진로의사결정의 네 가지 수준과 Harren의 의사결정양식의 관계를 살펴보면 다음과 같다. 첫째, 정체감성취 수준에 있는 사람들은 의사결정에서 논리적이고 계획적이며 결정에 책임을 지는 태도를 취한다. 둘째, 유예 수준에 있는 사람들도 현재 진로를 탐색하는 중으로 결정이 완전히 이루어지지 않았더라도 일반적으로 결정에 책임을 지고 계획적인 전략을 쓴다. 셋째, 조기완료 수준에 있는 사람들은 진로 결정과 같이 정체감과 관련된 결정을 하는 데 있어 부모나 주위사람에게 의존하는 경향이 있다. 마지막으로 정체감 모호 수준에 있는 사람들은 의사결정 시 합리적이고 체계적인 태도를 취하지 않고 의사결정 상황 자체를 회피하려는 태도를 보이며, 주로 직관적이고 비논리적인 전략을 사용하고 주로 타인의 결정에 의존하는 경향이 있다.

이와 같이 진로 미결정의 원인은 다양하게 분류될 수 있으며, 이 중 어떤 원인이 자신의 진로를 결정하는 데 방해요인으로 작용하든 그 원인을 파악했다면 원인이 되는 문제를 해결해 가는 것이 진로 결정을 촉진하는 지름길이 될 것이다.

[활동지 7-1]

나의 진로의사결정 유형

※ 다음은 정답이 없는 질문지입니다. 다음 질문에 솔직히 답해 주세요.

문항	질문	전혀 그렇지 아니다	그렇지 않다	보통 이다	그렇다	매우 그렇다
1	나는 중요한 의사결정을 할 때 한 단계씩 체계적으로 한다.	1	2	3	4	5
2	나는 나 자신의 욕구 등에 따라서 매우 특별나게 의사결정을 한다.	1	2	3	4	5
3	나는 내가 얻을 수 있는 정보들을 수집하지 않고 중요한 의사결정은 거의 하지 않는다.	1	2	3	4	5
4	나는 나의 의사결정을 할 때 친구들이 내 결정을 어떻게 생각할 것인지가 너무 중요하다.	1	2	3	4	5
5	나는 의사결정을 할 때, 이 의사결정과 관련된 결과까지도 고려한다.	1	2	3	4	5
6	나는 다른 사람의 도움 없이는 중요한 의사결정을 하기가 어렵다.	1	2	3	4	5
7	나는 어려운 문제에 부딪히면 재빨리 결정을 내린다.	1	2	3	4	5
8	나는 의사결정을 할 때에 내 자신이 가진 즉각적인 느낌이나 감정에 따른다.	1	2	3	4	5
9	나는 내가 하고 싶은 것보다 다른 사람들이 어떻게 생각하느냐에 영향을 받아서 의사결정을 실시한다.	1	2	3	4	5
10	나는 어떤 의사결정을 할 때 시간을 충분히 갖고 주의 깊게 생각하여 본다.	1	2	3	4	5
11	나는 문제의 본질에 대해 순간적으로 발생하는 생각 등에 의해 결정한다.	1	2	3	4	5
12	나는 의사결정을 할 때에 친한 친구 등에게 먼저 이야기를 하고 결정한다.	1	2	3	4	5
13	나는 중대한 의사결정을 할 문제가 생기면, 계획하고 생각할 시간을 가진다.	1	2	3	4	5
14	나는 의사결정을 못한 채로 미루는 경우 등이 많다.	1	2	3	4	5
15	나는 의사결정을 하기 전에 사실을 확인하기 위해 관계된 정보를 살펴본다.	1	2	3	4	5
16	나는 의사결정에 관하여 생각이 갑자기 떠오르면서 무엇을 해야 할지 알게 된다.	1	2	3	4	5
17	나는 어떤 중요한 일을 하기 전 신중하게 계획을 세운다.	1	2	3	4	5
18	나는 의사결정을 할 때에 다른 사람들에게 많은 격려와 지지를 받고 싶다.	1	2	3	4	5
19	나는 의사결정을 할 때 가장 마음이 가는 쪽으로 결정한다.	1	2	3	4	5
20	나는 인기를 떨어뜨려가면서까지 의사결정을 내리고 싶지 않다.	1	2	3	4	5
21	나는 의사결정을 내릴 때 예감 또는 직감을 중요하게 여긴다.	1	2	3	4	5
22	나는 올바른 의사결정을 확신하고 싶어서 조급하게 결정을 내리지 않는다.	1	2	3	4	5
23	어떤 의사결정을 하든지 감정적으로 만족스러우면 나는 그 결정이 옳다고 본다.	1	2	3	4	5
24	올바르게 의사결정을 내릴 자신이 없어서 주로 다른 사람들의 의견을 따르기도 한다.	1	2	3	4	5
25	종종 내가 내린 의사결정을 친구들이 지지해 주지 않으면 그 결정에 대해 확신을 갖지 못한다.	1	2	3	4	5
26	내가 내리는 의사결정을 친구들이 지지해 주지 않으면 그 결정에 대해 확신을 갖기 못한다.	1	2	3	4	5
27	의사결정을 하기 전 그러한 결정을 함으로써 발생하는 결과에 대해 가능한 많이 알고 싶다.	1	2	3	4	5
28	나는 '이것이다.'라고 느낌을 받을 때 결정을 내리는 경우가 종종 있다.	1	2	3	4	5
29	대개의 경우 나는 주위 사람들이 바라는 방향대로 의사결정을 하기도 한다.	1	2	3	4	5
30	정보 등을 수집하고 검토하는 과정보다는 생각이 떠오르는 대로 결정을 내리는 경우가 종종 있다.	1	2	3	4	5

〈나의 진로의사결정 유형 검사 결과〉

문항	1	3	5	10	13	15	17	22	25	27	합계	진로의사결정 유형
점수												합리적 유형
문항	2	7	8	11	16	19	21	23	28	30	합계	진로의사결정 유형
점수												직관적 유형
문항	4	6	9	12	14	18	20	24	26	29	합계	진로의사결정 유형
점수												의존적 유형

* 출처: Harren, V. A. (1984). *Assessment of career decision making*. Los Angeles: Western Psychological Services, 1-6.

나의 진로의사결정 유형	
발전시킬 점	
수정해야 할 점	
진로를 결정할 때 고려해야 할 점	

3 합리적 의사결정

전술한 바와 같이 우리는 일생을 살아가는 동안 끊임없이 선택의 순간을 맞이한다. 아침에 눈을 뜨면서부터 '무엇을 먹을까?' '무엇을 입고 외출할까?'와 같은 단순한 문제에서부터 진로선택과 같은 일생에서 중요한 선택까지 일상에서 일어나는 수많은 선택 상황에서 우리는 어떻게 의사결정을 해야 할까?

의사결정은 우리가 어떤 문제에 당면할 때, 해결해야 할 문제가 무엇인지 알아보고, 문제와 관련된 사실적 정보를 수집하고, 문제를 해결하기 위한 다양한 대안을 마련하여 가장 합리적인 대안을 선택하는 과정으로 이루어진다. 즉, 의사결정은 가장 좋은 결과를 가져올 수 있는 방안을 선택하는 과정으로 개인의 특성과 처해진 환경에 따라 다르게 나타난다. 오늘의 나는 과거에 이루어진 선택의 결과라는 말이 있다. 따라서 행복한 미래를 가꾸기 위해 오늘의 선택을 신중하게 할 필요가 있다. 선택을 신중하게 한다는 것은 많은 대안 중 가장 좋은 결과를 가져올 수 있는 대안을 선택한다는 것을 의미하며, 이를 합리적 의사결정이라고 말할 수 있다.

합리적 의사결정을 위해 필요한 준비과정은 다음과 같다. 첫째, 체계적인 진로의사결정의 절차와 논리를 이해해야 한다. 둘째, 우리가 실제로 경험하게 되는 다양한 의사 결정 상황에 대해 미리 경험하고 연습해 보아야 한다. 셋째, 합리적인 의사결정 유형을 이해하고 이를 통해 우리가 실제 겪게 되는 상황과 문제 유형에 가장 적절한 의사결정 방식이 무엇인지 알아야 한다. 마지막으로, 스스로 해결하지 못하는 문제를 만났을 때는 전문가와의 상담을 통해 해결하는 방법을 터득해야 한다. 또한 합리적 의사결정을 위해서는 진로의사결정자가 충분한 진로정보를 바탕으로 진로의사결정 상황을 잘 이해하고 현명한 의사결정 능력을 갖추어야 한다.

직업심리학의 대가 크롬볼츠(J. D. Krumboltz)는 사회학습이론의 입장에서 의사결정 및 문제해결 과정을 다음의 7단계로 설명하고 있다. 첫째, 문제 정의하기 단계로 자신의 능력과 적성을 이해하고 세계관을 확립한 뒤 직업과 삶의 방향을 구성하고 무엇이 문제인지, 의사결정의 필요성이 있는지를 명확히 하는 단계이다. 둘째, 계획수립 단계로 문제 정의에 따라 어떻게 문제를 해결할지, 어떻게 의사결정을 할지에 대한 계획을 세우고 계획을 실행하는 단계이다. 이때 의사결정과 문제해결을 위한 최종 기한을 정한다. 셋째, 가치 명료화 단계로 자신의 가치와 취업을 희망하는 기업이나 조직의 가치를 비교하고, 선택 가능한 리스트를 작성하여 자신의 가치와 일치한 대안을 선택한다. 넷째, 대안을 모색하는 단계로 자신의 능력, 지식, 경험 등을 평가하고 다양한 해결 방안을 모색하며 수집하는 단계이다. 다섯째, 결과 예측 단계로 자신이 희망하는 삶을 살아가는 과정에서 발생할 수 있는 여러 변수를 고려해 결과를 예측해 보는 단계이다. 여섯째, 대안을 체계적으로 배재하여 최종 진로에 대한 의사결정을 하는 단계이다. 이 단계에서는 다양한 대안 가운데 최종 한 가지를 선택하기 위해 다른 대안을 제외하는 과정을 거친다. 일곱째, 이 과정을 통해 최종 선택된 대안을 행동으로 옮기는 단계이다.

　합리적 의사결정을 통해 실행을 할 수 있다면 누구나 더 나은 진로를 선택할 수 있을 것이다. 일반적으로 합리적 의사결정을 위한 단계를 크롬볼츠의 7단계 과정을 간소화하여 다음의 5단계 모형으로 설명한다. 합리적 의사소통을 위한 5단계를 연습하면 더 나은 선택을 하는 데 도움이 될 것이다.

[그림 7-3] 합리적 의사결정을 위한 5단계

합리적 의사결정단계를 적용해 자신의 진로를 결정할 때 문제해결 선택하기 단계에서 자신이 결정한 진로 결정 결과를 점검해 보는 것이 무엇보다 중요하다. 자신이 결정한 진로 결정에 대해 다음의 기준을 가지고 점검해 볼 수 있다. 첫째, 과업수행에 대한 자신감으로 자신이 정한 진로분야에서 과업을 수행할 때, 그 과업수행에 대한 자신감이 있는지를 자문해 보는 것이다. 과업수행 자신감이 높은 것을 중심으로 선택하는 것이 성공적 진로 결정이 될 가능성이 높다. 이를 위해 자신이 무엇을 잘하는지, 무엇에 효능감을 느끼는지를 아는 것이 전제되어야 한다. 둘째, 자기만족으로 특정 전공이나 직업을 자신이 가장 만족할 수 있는지에 대해 검토하는 것이다. 진로선택 시 '정말 즐기면서 할 수 있을까?' '보람을 느낄까?' '시간가는 줄 모르고 몰입이 가능할까?'와 같은 질문에 답을 하면서 자기 확신을 가질 필요가 있다. 셋째, 현실가능성으로 실제 해당 분야에 진출할 수 있느냐에 대한 문제이다. '내가 결정한 진로분야로 진출하는 데 있어 실력이 부족하지 않은지?' '현실적인 요건들을 잘 갖추고 있는지?' '혹여 부족한 부분이 있다면 보충이 가능한지?' '어떻게 보충해야 하는지?'에 대한 질문에 답을 하면서 현실가능성을 높여 갈 필요가 있다.

[활동지 7-2]

합리적 의사결정 연습 Ⅰ

1. 진로대안란에 현재 고려하고 있는 진로대안을 하나씩 적으세요(예: 구체적 직업, 취업, 대학원 진학, 편입, 군대, 재수 등).
2. 진로선택에서 자신이 중요하게 생각하는 것이 무엇인지 표 상단 음영부분에 작성하고 괄호 안에 중요하게 생각하는 점수를 100점 만점이 되게 배점해 주세요.
3. 각 진로대안에 대한 매력도 점수를 항목별로 적고 합산한 다음 성취가능성을 100% 중 몇 %인지 작성하고 최종 점수를 산출합니다.
4. 최종 점수가 가장 높은 진로대안이 현재 자신에게 가장 좋은 진로대안으로 생각합니다.

순번	진로대안	자율성	지위	경제적 보상	새로운 경험	매력도 합계(100)	성취 가능성(%)	점수 (매력도 합계× 성취가능성)
1								
2								
3								
4								
5								
6								
7								
8								
9								
10								

* 출처: 황매향 외(2020). 진로탐색과 생애설계: 꿈을 찾아가는 포트폴리오. 서울: 학지사.

활동 후 소감

[활동지 7-3]

합리적 의사결정 연습 Ⅱ

※ 자신의 진로와 관련된 고민을 다음의 진로의사결정 5단계에 맞추어 합리적 의사결정 연습을 해 봅시다.

진로관련 고민

문제 파악하기	

↓

계획수립 및 실천하기	

↓

문제해결방법 기준 마련하기	

↓

문제해결방법 선택하기	

↓

문제해결방법 탐색하기	

08 인생설계

학습 목표

- 미래의 나의 모습을 상상해 보고 상상한 모습이 되기 위해 지금 무엇을 해야 할지 말할 수 있다.
- 목표설정의 원리를 알고 진로개발을 위한 목표를 수립하고, 목표 달성을 위한 구체적인 실천전략을 도출할 수 있다.
- 나의 시간관리 유형을 알고, 성과창출을 위한 시간관리 전략을 수립하고 실천할 수 있다.

08 인생설계

1 나의 롤 모델

우리는 어린 시절부터 존경하는 인물이 누구인가라는 질문을 많이 받아 왔다. 그 질문을 받으면 으레 어린 시절 접했던 위인전의 인물, 부모님, 또 오늘날 청소년들은 연예인을 언급하며 그들을 존경한다고 한다. 그러나 조금 더 구체적으로 어떤 모습을 존경하는지, 존경하는 이유가 무엇인지에 대해 질문하면 말문이 막히는 경우가 많다. 따라서 진로와 관련해서 존경하는 인물에 대해 질문을 조금 바꿔 보고자 한다. "당신은 닮고 싶은 롤 모델을 갖고 계십니까?"

롤 모델은 말 그대로 내가 닮고 싶은 사람을 의미하는 말로, 때로는 우리 삶의 원동력이 된다. 롤 모델을 정하는 것을 넘어 왜 그 사람을 롤 모델로 삼고 있는지를 명확히 한다면 삶의 목표와 목적을 심어 주는 요소로 활용할 수 있다. 또한 누군가를 막연히 부러워하는 것이 아니라, 닮고 싶은 모습을 구체화시켜 나도 나의 롤 모델처럼 되기 위해 부단히 노력한다면 어쩌면 롤 모델처럼 될 수도 있다.

이번 장에서는 삶의 원동력이 될 뿐만 아니라 구체적으로 내가 어떤 삶을 살아야 하는지 이정표와 같은 롤 모델을 선정하는 방법을 이야기하고자 한다.

롤 모델을 정하는 방법은 첫째, 자신이 하고 있는 분야에서 자신감을 가진 사람을 선택하라. 롤 모델로 선택될 자격이 있는 사람은 자신이 누구인지 정확히 아는 사람이어야 한다. 자신을 있는 그대로 표현할 수 있고, 자신의 약점도 수용하고 타인과 협력을 구축하며 생산적인 삶을 살아가는 사람이어야 한다는 것이다.

둘째, 다른 사람들에게 친절하고 타인과 잘 어울리는 사람을 선택하라. 아무리 자신의 능력이 뛰어나다고 하더라도 인간은 타인과 협업하지 못하면 사회발전에 기여할 수 없다. 타인과 잘 어울리고 타인과 협업할 수 있는 사람은 매사에 겸손하고 유쾌하며 나아가 자신의 능력을 더욱 잘 발휘할 수 있는 사람이기 때문에 타인과 잘 어울릴 수 있는 사람을 선택해야 한다.

셋째, 자신이 희망하는 진로에서 존경받을 만한 사람을 선택하라. 우리가 롤 모델로 선정하는 사람은 단지 그 사람의 성품만을 닮고 싶어서 선택하는 것이 아니다. 내가 진출하고자 하는 분야에서 저명한 사람을 롤 모델로 선택하면 그 사람의 전문성까지도 닮아가기 위해 노력할 수 있기 때문이다.

넷째, 내가 존경할 수 있는 사람으로 선택하라. 롤 모델을 선택할 때 단지 그 사람이 갖고 있는 외형만을 가지고 선택한다면 그 사람을 흉내 내기에 급급해서 진정 그 사람을 닮고 싶은 마음이 생기지 않을 수 있다. 내가 롤 모델을 닮아가기 위해 그 사람의 삶을 따라갈 수 있다면, 내가 존경하는 삶을 살 수 있는 지름길이 될 수 있다.

마지막으로, 롤 모델은 가까이 있는 사람으로 선택하라. 롤 모델이 책에만 있거나, 너무 멀리 있는 사람이면 그 사람을 닮아가기 위한 노력을 하는 데 동기가 저하될 수 있다. 부모님이나 주변에 닮고 싶은 사람이 나의 롤 모델이 된다면, 어쩌면 내가 필요할 때 그 롤 모델에게 직접 도움을 구할 수 있는 기회를 얻을 수 있다.

롤 모델을 선택하는 것은 그리 거창한 일이 아니다. 그럼에도 불구하고 롤 모델을 선정해서 그 사람을 닮아가기 위해 노력한다는 것은 내가 나아가야 할 방향을 쉽게 알아차릴 수 있는 이정표가 생겨 그런 삶을 살 수 있을 가능성을 높이는 것이라고 할 수 있다. 즉, 롤 모델을 선정하여 롤 모델이 꿈을 이르는 과정을 참고하여 자신만의 가치관과 목표를 선정하는 데 도움을 얻을 수 있다. 또한 인생에서 어려움을 만났을 때 나의 롤 모델을 이러한 어려움을 어떻게 극복했을까? 라는 질문을 해 보면서 나의 시행착오를 줄이는 데 도움을 얻을 수도 있다.

[활동지 8-1]

나의 롤 모델을 소개합니다

※ 나의 롤 모델을 선정하고 롤 모델을 소개해 주세요.

나의 롤 모델 이름	
나의 롤 모델은 어떤 사람인가? (업적, 삶 등 내가 롤 모델에 대해 알고 있는 것을 바탕으로 롤 모델을 소개해 주세요)	
이 사람을 롤 모델로 선택한 이유는?	
나의 롤 모델이 인생에서 겪은 어려움	
그 어려움을 극복했던 방법	
나의 롤 모델의 닮고 싶은 점	1. 2. 3. 4. 5.

② 미래의 나의 모습

우리는 누구나 앞으로 다가올 미래에 대해 정확히 예측할 수 없다. 1년 후, 5년 후, 10년 후 세상이 어떻게 변화할지 예측하기 어려운 현실에 살고 있지만, 끊임없이 1년 후의 나의 모습, 5년 후 나의 모습, 10년 후 나의 모습을 꿈꾸며 살아가라고 이 사회가 우리에게 종용하는 듯 느껴진다. 그렇다고 미래를 예측할 수 없기 때문에 미래에 대한 준비나 대비가 필요 없다는 것이 아니다. 지금 처한 상황이 나를 힘들게 한다고 해서 환경을 탓하고, 현실의 노력을 게을리한다면 그의 미래는 참담해질 것이다. 반면, 미래에 대해 알 수는 없지만 희망을 가지고 현재를 살아가고, 주어진 순간의 삶에 최선을 다한다면 그의 미래는 오히려 희망이 있을 것이다.

비관적인 사람은 실패를 불행으로 인식하고 포기하기 마련이지만, 긍정적인 사람은 실패를 또 다른 학습의 기회로 인식해서 실패 가운데서 자신을 성장시킬 포인트를 찾아내어 실천해서 더 나은 삶을 살아가는 원동력으로 사용한다. 이 두 사람의 미래는 어떻게 될까? 굳이 말을 하지 않아도 어느 정도 예측 가능해질 것이다. 사람은 각자 자신의 강점과 잠재능력을 갖고 있다. 희망적 삶의 태도를 갖고 있는 사람은 어떤 상황에서도 더 나은 삶을 위해 끊임없이 도전할 것이고 이런 태도로 인해 다가올 미래는 더욱 밝을 것이다.

이번 장에서는 내가 꿈꾸는 미래의 삶을 살기 위한 연습을 통해 미래의 나를 만나 보고자 한다. 이를 위해 내가 꿈꾸는 삶은 어떤 모습일까를 상상하고, 그 모습이 되기 위해 지금 내가 할 수 있는 일이 무엇인가를 탐색하여, 자신의 꿈을 이루겠다고 스스로에게 다짐하는 연습을 해 보자.

[활동지 8-2]

미래일기

※ 지금부터 정확히 10년 후 오늘… 나는 무엇을 하고 있을까요? 몇 시쯤 일어났고, 어떤 아침 식사를 했으며, 어떤 옷을 입고, 어떤 곳에 가서 어떤 사람들과 어떤 일을 하고 있는지… 나의 하루를 일기로 작성해 보세요.

미래의 나의 모습

※ 지금 여러분이 어떤 삶을 사느냐에 따라 미래의 모습은 달라집니다. 미래의 모습을 상상해 보고 이런 삶을 살아가기 위해 지금 이 순간 어떤 노력을 하면 좋을지 생각해 봅시다.

	나이(살)	이 시기 나의 모습	이 모습이 되기 위해 현재 해야 할 노력
현재		•	•
3년 후 (대학 4학년)		•	•
5년 후		•	•
10년 후		•	•
30년 후		•	•
50년 후		•	•

③ 목표설정과 시간관리

1) 목표설정

목표는 개인의 행동과 동기에 영향을 미친다. 왜냐하면 개인은 특정 목표를 세우려는 결심을 통해 필요한 행동을 실행하고 어떤 성취를 추구하게 된다. 목표는 당장 눈에 보이지 않아도 장기간 개인의 행동을 조직하고 유지하는 데 도움을 주는 것이다. 따라서 목표를 잘 설정한다는 것은 개인의 진로설계를 위한 실행 지침이 되며 이를 바탕으로 궁극적으로 행복한 삶을 추구할 수 있게 된다.

목표를 설정하는 방법은 어떤 것이 있을까? 목표 설정 시 고려해야 할 법칙을 일명 SMART 법칙이라고 한다.

[그림 8-1] 목표설정의 SMART 법칙

- 구체적인 목표: 실행에 바로 옮길 수 있도록 육하원칙을 포함
- 측정 가능한 목표: 목표 달성 여부를 확인할 수 있는 측정 기준을 포함
- 달성 가능한 목표: 노력을 통해 도달 가능한 현실적 수준을 말함
- 결과 지향적 목표: 성취동기를 불러일으킬 수 있는 결과를 포함
- 달성 기한이 있는 목표: 목표 달성 측정을 위한 목표 성취 기한을 포함

이렇게 목표를 수립할 때 유의해야 할 점이 있다. 우리 삶의 다양한 영역이 있음에도 불구하고 하나의 목표만을 위해 전력질주를 하는 경우 비록 그 목표에 도달했다고 하더라도 목표달성 뒤 무력감, 공허함 등을 느낄 수 있으며, 오히려 이전의 추진력을 잃은 채 무기력 상태로 빠질 수도 있다. 따라서 목표를 수립할 때 직업인으로서, 가족구성원으로서, 사회활동에서, 경제적으로, 자기개발 분야에서, 가치관과 태도 등 인생의 다양한 분야를 고려하여 각 영역에서 이루어야 할 목표를 균형 있게 수립하는 것이 중요하다. 여러 개의 목표를 설정하였다고 하더라도 이를 한꺼번에 달성할 수 없으므로 우선순위를 정해 다른 목표와 조율하며 달성하는 태도를 가져야 한다. 목표를 달성하기 위한 5가지 단계를 통해 목표 달성에 한 걸음 가까이 다가가 보자.

- 세부 목표 설정하기: 기간(단기, 중기, 장기)에 따른 목표를 세우고 각 목표별 수준에 맞는 세부목표 설정
- 마이너스 요인과 플러스 요인 분석하기: 과거 경험을 통해 목표 달성을 방해하는 요인이 무엇인지, 목표 달성을 위한 지지요인이 무엇인지를 파악하고 현재 수립한 목표 달성을 위해 방해요인과 지지요인을 잘 활용하기
- 계획하기: 방해요인과 지지요인을 고려해서 실천방안을 마련하기
- 평가 및 수정하기: 목표 달성 정도를 점검해서 지속적으로 목표달성을 실패한다면 그 원인을 반영해서 목표를 수정하기
- 목표 시각화하기: 목표를 달성했을 때 얻게 될 보상과 결과를 구체적으로 상상하고 그것을 잘 드러낼 수 있는 사진 또는 콜라주 등을 통해 시각화한 후 항상 볼 수 있는 곳(책상, 스마트폰 등)에 설치하기

"꿈을 날짜와 함께 적어 놓으면 그것은 목표가 되고, 목표를 잘게 나누면 그것은 계획이 되며, 그 계획을 실행에 옮기면 꿈은 실현되는 것이다."(그레그 S. 레이드)라는 말을 들어 보았을 것이다. 이 말은 목표실행의 중요성을 나타내는 말이다. 목표가 아무리 거창하다고 하더라도 실행으로 옮기지 않으면 그 목표는 그저 선언에 불과하고, 나의 것으로 남지 않아 실패로 남게 된다.

목표는 기대나 희망과는 차이가 있는 말이다. 기대나 희망은 현실에서 도피하는 수단으로 도달하기 어려운 막연한 꿈을 말하는 것이다. 반면, 목표는 선택, 우선순위 매기기, 결정 등을 위한 기초가 되며 우리 삶에 방향성을 제시해 주는 역할을 한다. 따라서 목표

는 실행으로 옮길 때 생명력이 생긴다. 목표를 실행하는 데 있어 행동을 촉진하는 기본적 태도는 성취동기, 자기통제감, 노력, 낙관성이라는 요소가 있다.

2) 시간관리

인간은 누구나 시간의 흐름 속에서 살아가고 있다. 누구나 흘러가는 시간을 잡고 싶고, 시간이 넉넉했으면 좋겠다는 바람을 갖고 있다. 효율적인 시간관리를 위해서는 시간의 특성이 무엇인지를 살펴보는 것이 중요하다. 첫째, 시간은 무형의 자원이다. 둘째, 시간은 한계효용이 체감하지 않는 자원이다. 셋째, 시간을 누구에게나 공평하게 주어진다. 넷째, 시간은 사용하지 않아도 소멸된다. 다섯째, 시간은 저장할 수 없다. 여섯째, 시간을 양도하거나 매매할 수 없다. 마지막으로 지나간 시간은 돌아오지 않는다. 이런 특성을 가지고 있는 시간을 어떻게 관리할 수 있을까?

앞에서 살펴본 바와 같이 우리는 누구나 동일한 시간을 부여받는다. 다만 이 시간을 어떻게 활용하는 가에 따라 시간에 대해 상이하게 느낀다. 주어진 시간을 어떻게 사용하느냐에 따라 삶의 질이 달라지고 미래가 달라진다는 것에 대해 이견이 없을 것이다. 행복한 삶을 영위하기 위해 내게 주어진 24시간을 어떻게 활용해야 할까? 현재 거울에 비치는 자신의 모습은 과거의 삶이 모여 만들어진 모습이라는 말처럼 미래의 나의 모습은 오늘 나의 삶의 결과가 아닐까?

2019년 통계청에서 우리나라 10세 이상 국민을 대상으로 실시한 생활시간조사 결과를 보면, 국민 절반인 54.4%가 시간이 부족하다고 느끼고 있다고 응답했다고 한다. 시간 사용을 살펴보면, 필수시간에 11시간 34분, 의무시간에 7시간 38분, 여가시간에 4시간 47분을 사용한다고 나타났다. 취업자는 비취업자보다 일 관련 시간은 5시간 9분 많다고 나타난 반면, 수면은 29분, 학습은 1시간 20분, 가사노동은 1시간 22분, 미디어사용 시간은 1시간 12분, 교제 및 참여 28분, 여가활동은 23분이 적게 나타났다.

우리는 하루의 시간을 어떻게 사용하고 있을까? 스티븐코비의 시간관리 매트릭스를 통해 시간관리를 살펴보고자 한다. 스티븐코비는 시간관리에 있어 긴급함과 중요함이라는 두 기준을 가지고 시간관리 매트릭스를 필수 영역, 리더십 영역, 속임수 영역, 낭비 영역으로 구분하였다. 그에 따르면 필수 영역에 해당되는 사람은 미루는 사람으로 벼락치기형이라고 한다. 이 영역의 일들은 반드시 해야 할 일이면서 긴급한 일이기 때문에 최대한 빠른 시간에 처리해야 하기 때문에 이 유형에 속해 있는 사람들은 스트레스 상황에 놓일 가능성이 높다. 리더십 영역에 속한 사람은 유선순위에 따라 일하는 사람으로 계획주도형이라고 한다. 이 영역에 속하는 일은 매우 중요하지만 긴급하지 않기 때문에 일정기간을 가지고 합리적으로 일을 처리할 수 있다. 속임수 영역에 속하는 사람은 거절하지 못하는 우유부단형으로 당장 처리해야 할 일이 많으나 덜 중요한 일을 처리하느라 시간이 늘 부족하다. 마지막 낭비 영역에 속하는 사람은 게으른 사람으로 시간허비형이다. 그들이 주로 중요하지도 긴급하지도 않은 일에 시간을 낭비한다. 여러분이 어느 유형에 속하는지를 확인하고 어떻게 하면 시간을 효율적으로 관리할 수 있을지 생각해 볼 필요가 있다.

[그림 8-2] 스티븐코비의 시간관리 매트릭스

그렇다면 시간관리를 잘 하기 위한 방법은 무엇일까?

첫째, 내 시간의 가치를 정확히 계산하라! 시간이 돈이다라는 말이 있듯이 나의 한 시간의 가치가 얼마인지를 정확히 계산해 보면 지금 이 시간이 얼마나 소중한지 알 수 있다. 둘째, 삶의 모습을 구체적으로 그려라! 원하는 모습이 구체적일수록 시간을 효율적으로 활용할 가능성이 높다. 셋째, 다른 사람에게 나의 소중한 시간을 쉽게 사용하지 마라! 나의 시간을 빼앗는 사람들은 주위에 도사리고 있다. 나의 시간을 소중히 생각하는 사람인지 아닌지 알고, 정말 필요한 것인지 아닌지 판단하는 능력을 가져라. 넷째, 답장을 해야 한다는 강박관념을 버려라! 우리가 받는 메시지에 대다수는 꼭 답을 해야 할 필요가 없다. 불필요한 답장에 시간을 허비하지 마라. 다섯째, 위임하라! 내 시간의 가치가 소중한 만큼 그만큼의 가치가 되지 않는 일은 타인에게 위임하여 시간을 효율적으로 관리하는 것이 지혜롭다. 여섯째, 그날의 중요한 일 세 가지를 종이에 적어라! 하루의 시작 전 오늘의 가장 중요한 일 세 가지를 적어 그 일을 완수하도록 시간을 사용한다면 많은 일들은 이루어져 있을 것이다.

이런 방법을 많이 아는 것보다 더 중요한 것이 있다. 바로 실천이다. 아무리 좋은 것도 실천하지 않으면 나의 것으로 남지 않는다.

[활동지 8-4]

나의 목표관리 실태

※ 올해 시작과 함께 세웠던 목표는 무엇이고 그 목표를 얼마나 달성하였는지 점검해 봅시다.

	올해 목표	달성률(%)	달성여부	미달성 이유
1.			☐ 달성 ☐ 미달성	
2.			☐ 달성 ☐ 미달성	
3.			☐ 달성 ☐ 미달성	
4.			☐ 달성 ☐ 미달성	
5.			☐ 달성 ☐ 미달성	

목표 달성을 가장 어렵게 만들었던 장애물은?

목표 달성 장애물을 극복하기 위한 나만의 방법은?

[활동지 8-5]

내 인생의 목표

※ 인생의 주요 분야에 대한 시기별 목표를 설정해 봅시다.

영역＼시기	20대	30대	40대	50대	60대	70대 이후
가족구성원						
사랑						
직업						
사회활동						
경제						
건강						
대인관계						
자기개발						

나의 시간관리 유형

※ 다음은 정답이 없는 질문지입니다. 다음 질문에 솔직히 답해 주세요.

문항	질문	전혀 그렇지 아니다	그렇지 않다	보통 이다	그렇다	매우 그렇다
1	항상 시간에 쫓기며 살아간다.	1	2	3	4	5
2	마음의 여유를 가지고 일에 임한다.	1	2	3	4	5
3	상대방의 요구에 거절을 못한다.	1	2	3	4	5
4	특별히 하는 일 없이 시간을 무료하게 보낼 때가 많다.	1	2	3	4	5
5	언제나 다급하고 바쁜 상태로 생활한다.	1	2	3	4	5
6	항상 미래를 준비하고 계획하며 산다.	1	2	3	4	5
7	남의 일을 도와주느라 내 일을 못할 때가 많다.	1	2	3	4	5
8	시간이 지나도 늘 그 자리에 있는 느낌이다.	1	2	3	4	5
9	당장 해결하지 않으면 안 되는 일거리가 많다.	1	2	3	4	5
10	일의 우선순위를 따져 실행에 옮긴다.	1	2	3	4	5
11	그때그때 손에 잡히는 일을 하다 보면 중요한 일을 잊는 경우가 많다.	1	2	3	4	5
12	늘 생활이 지루하고 따분하다.	1	2	3	4	5
13	늘 당장 눈앞에 닥친 문제해결에 초점을 맞춘다.	1	2	3	4	5
14	일에서 일관되고 지속적인 성취감을 얻는다.	1	2	3	4	5
15	어떤 일을 하다 보면 늘 바쁘긴 한데 성과가 없다.	1	2	3	4	5
16	시간이 남아 무엇을 해야 할지 모를 때가 많다.	1	2	3	4	5
17	늘 할 일에 비해 시간이 부족하다는 느낌이 든다.	1	2	3	4	5
18	해야 할 일과 안 해도 되는 일을 잘 구분한다.	1	2	3	4	5
19	일을 열심히 하면서도 보람을 느끼지 못할 때가 많다.	1	2	3	4	5
20	소일거리나 시간을 때울 거리를 찾을 때가 많다.	1	2	3	4	5
21	일하는 과정에서 시간 때문에 스트레스를 많이 받는다.	1	2	3	4	5
22	일을 시작하기 전에 미리 구상하고 계획한다.	1	2	3	4	5
23	무슨 일을 하고 나면 마음이 허전하고 씁쓸할 때가 많다.	1	2	3	4	5
24	일을 하면서 무력감이 들거나 자신이 싫어질 때가 많다.	1	2	3	4	5

✲ 질문 집계표

	필수 영역		리더십 영역		속임수 영역		낭비 영역	
문항별 점수	1		2		3		4	
	5		6		7		8	
	9		10		11		12	
	13		14		15		16	
	17		18		19		20	
	21		22		23		24	
총 점수								
순위								

나의 시간관리 유형	
결과에 따른 소감	
시간관리를 위한 나의 전략	

09

진로장벽을 만났을 때

1. 진로장벽의 이해

2. 진로장벽에 맞서는 나의 자세

학습 목표

- 진로장벽의 의미를 설명할 수 있다.
- 자신이 세운 진로계획을 실천하는 과정에서 발생하는 방해요소인 자신의 진로장벽을 설명할 수 있다.
- 자신의 진로장벽에 따른 대처방안을 모색하고 실천할 수 있다.

09 진로장벽을 만났을 때

1 진로장벽의 이해

우리는 진로목표를 설정하고, 목표를 달성하는 과정에서 매 순간 필연적으로 어려움을 만나게 된다. 이러한 어려움을 만날 때 우리는 어떻게 해야 할까? 이번 장에서는 진로의 과정에서 만나게 되는 어려움인 진로장벽에 대해 알아보고자 한다.

진로장벽이란 진학, 취업, 직업전환, 승진, 결혼 등 진로과정에서 개인의 진로선택, 목표, 포부, 동기 등에 영향을 미치거나 역할 행동을 방해할 것으로 지각되는 여러 부정적인 사건을 총칭하는 말이다. 즉, 우리가 진로의 길을 걸어 나가는 데 있어 방해가 되는 여러 가지 사건을 진로장벽이라고 하는데, 진로장벽은 개인과 작업환경에서 각각 나타날 수도 있으며, 개인과 작업환경의 결합을 통해서도 발생할 수 있다. 진로장벽은 개인 내적으로 진로의사결정을 하지 못했거나, 신체적 · 지적 능력의 저하와 같은 핸디캡이 있거나, 사람이나 역할에 대한 갈등과 같은 것이 원인이 될 수 있다. 개인 외적으로는 직장을 잃거나, 나의 진로과정에서 든든한 버팀목이 되어 주었던 지지체계의 상실, 새로운 직업을 갖거나 회사를 옮기는 것과 같은 이동, 주위의 지나친 기대나 과중한 업무 요구사항, 직장 내에서 발생할 수 있는 차별 등이 진로장벽에 해당된다.

이렇게 우리의 진로과정에서 진로 결정을 방해하는 요인은 무엇일까? 제7장에서 진로 미결정의 요인을 살펴본 것을 기억할 것이다. 이번 장에서는 진로 미결정을 중심으로 한 진로장벽의 대표적 사례를 살펴보고자 한다.

첫째, 진로과정에서 준비가 부족했을 때 어려움을 겪는다. 진로의사결정에 참여하기 전 진로에 대한 동기부족, 우유부단한 의사결정, 자신의 신념에서 완전히 일치하는 진로를 결정하기 위해 진로 결정을 유보하는 것 등으로 인해 진로준비를 시작하지 못했거나, 진로준비를 미흡하게 할 수 있다. 진로준비가 어느 정도 이루어져 있어야 합리적 진로의사결정이 가능하므로 진로준비 부족의 문제를 되도록 빨리 극복하기 위해 다각적인 노력을 해야 한다.

둘째, 진로정보결여이다. 진로의사결정을 위한 관련 지식의 부족, 자기이해 부족, 여러 가지 대안에 대한 정보의 부족, 획득한 부가적 정보를 사용하는 방법을 모르는 경우 진로정보가 결여될 수 있다. 마음에 두고 있는 직업 목록들 중에서 한 가지 직업을 선택할 수 없거나 진로선택과 관련된 여러 가치들의 우선순위를 정할 수 없는 경우, 처음 선택이 불만족스럽지만 대안이 없어 결정한 대로 행동하는 경우, 내가 관심 있는 직업 및 진로에 대한 정보를 얻기 위한 노력이 부족하여 진로 결정을 할 만큼 충분한 정보를 가지고 있지 못하는 경우에 직업 및 진로결정과정에 대한 지식이 부족하다고 할 수 있다. 이는 오히려 지나치게 많은 정보 수집은 합리적 의사결정을 하는 데 방해요인으로 작용하기도 한다. 자신의 재능, 나의 강점, 약점, 적성 등 나에 대한 이해 부족으로 인한 정보결여가 진로의사결정을 방해하는 요인이 된다. 여러 가지 대안에 대한 정보가 부족하다는 것은 바라는 직업을 갖기 위해 어떤 교육과 훈련이 필요한지 잘 알지 못하고, 좋아하는 직업의 좋은 점과 나쁜 점을 설명할 수 없는 것을 의미한다. 또한 진로정보결여에 해당되는 예가 획득한 부가적 정보를 사용하는 방법을 모른다는 것이다. 진로 탐색을 열심히 하여 진로관련 정보를 많이 수집했다고 하더라도 어떤 직업이 나에게 적합한지 모르거나, 어떤 기준에 따라 진로를 선택해야 하는지 모르겠다는 것이다.

셋째, 불일치 정보이다. 어떤 경우 내가 수집한 정보가 불일치하는가? 바로 내가 갖고 있는 스펙과는 무관하게 내가 원하는 일류 직업에 취업할 수 있다거나 꿈이 이루어지는 기적이 일어나 내가 원하는 직업을 가질 수 있다는 믿음을 갖는 등 비현실적인 기대 때문에 내가 수집한 정보가 불일치한다. 또한 만족할만한 직업을 선택해야 한다는 압박감에 자주 우울감에 빠진다거나, 좋아하는 직업을 결정하고 싶지만 나의 결정을 믿을 수 없는 경우 내적갈등과 같은 불일치 정보가 진로 미결정의 원인이 될 수 있다. 내적갈등뿐만 아니라 주변의 기대 또는 주변 사람들의 인정을 받기 위해 진로 결정을 바꾸어야 하는 상황이 되는 외적갈등 상황도 진로 미결정의 원인이 될 수 있다.

진로 미결정 외에도 진로방해요인인 진로장벽은 앞에서 언급한 것처럼 신체적·지적 핸디캡, 역할갈등, 직장의 상실, 진로 지지체계의 상실, 직업전환과 같은 이동, 주위의 지나친 기대나 과중한 업무 요구사항, 직장 내에서 발생할 수 있는 차별 등이 있다. 이러한 진로의 과정에서 이러한 진로장벽을 만났을 때 문제를 해결하는 지혜가 필요하다.

2 진로장벽에 맞서는 나의 자세

성공한 사람들의 심리적 특성을 이야기할 때 우리는 종종 회복탄력성(resilience)이라는 용어를 사용한다. 회복탄력성은 어려운 일을 극복하고 다시 일어서는 힘이다. 많은 사람들은 실패, 죽음, 이혼, 사고 등 극심한 스트레스를 이기지 못하고 외상후 스트레스 장애(Post Traumatic Stress Disorder: PTSD)를 겪지만, 회복탄력성이 높은 사람은 좌절을 이겨낸다. 전술한 바와 같이 우리는 일생을 살아가며 진로장벽이라고 말할 수 있는 수없이 많은 어려움을 경험한다. 회복탄력성은 실패를 어떻게 극복하는가와 맞닿아 있기 때문에 진로 목표를 달성하기 위한 필수적인 성공요인이 된다.

성공으로 가는 길에서 어쩔 수 없이 만나게 되는 진로장벽을 어떻게 해결해야 할까? 어떤 문제를 맞닥뜨렸을 때 문제해결력이 필요하다. 또한, 진로과정에서 만나는 문제를 슬기롭게 극복했을 때 우리는 한 단계 성장할 수 있다. 진로과정에서 만나는 문제, 즉 진로장벽에 어떻게 맞서야 할까?

첫째, 진로탄력성을 강화시켜야 한다. 진로탄력성이란 심리적 회복탄력성에서 파생된 개념으로 진로와 관련하여 개인이 좌절하거나 스트레스가 심한 상황에도 불구하고 긍정적인 정서를 유지하는 능력 및 태도를 말한다. 자기 신뢰, 성취 열망, 진로 자립, 변화 대처, 관계 활용이라는 하위요인으로 구성되는 진로탄력성은 개인이 긍정적 자아상을 바탕으로 자신을 신뢰하고, 목표 달성에 대한 높은 성취열망을 가지고 목표에 도달하기 위한 노력을 아끼지 않도록 기여한다.

둘째, 진로적응성을 높여야 한다. 진로적응성이란 미래 직업세계로의 순조로운 전환을 위해 필요한 능력이다. 진로관심, 진로통제, 진로호기심, 진로자신감이라는 하위 요인으로 구성된 진로적응성은 예측 가능한 과제에 대한 준비뿐만 아니라 미래의 직업 환경 변화로 인해 생길 수 있는 예측 불가능한 상황에 대한 대처할 수 있도록 하여 미래의 변화에 적응하는 데 도움을 준다. 이는 '나의 미래는 어떠할까?' '나는 미래에 무엇을 하고 싶은가?' '미래의 나는 잘해 나갈 수 있을까?'와 같이 미래 진로에 대한 관심, 진로에 대한 사고와 통제력, 진로정보를 수집하는 탐색력, 자신의 능력에 대한 믿음으로 설명된다. 진로적응성이 높은 사람은 급변하는 사회에서 만날 수 있는 진로장벽을 효과적으로 대처할 수 있다.

셋째, 문제해결력을 증진시켜야 한다. 우리는 인생의 한 부분으로 아무리 진로계획을 잘 수립한다고 해도 예상치 못한 문제와 같은 진로장벽을 만난다. 진로장벽을 만났을 때 효과적으로 그 문제를 해결하는 것은 중요하다. 그러나 문제를 해결하지 못하는 사람들은 문제해결에 도움이 되는 정보를 갖고 있지 못하기 때문에 어려움을 겪게 된다. 이들은 자신이 겪고 있는 문제 상황을 왜곡하거나 부인하거나, 발생된 문제나 예상된 어려운 상황에 대해 성급하게 해결방안을 결정하고 실패하여 시간을 허비한다. 또한 새로운 도전과 기회 앞에서 자신의 창의적인 능력을 사용하지 않고 이전의 낡은 방식으로 기계적으로 대응하고, 나아가 실패를 반복하는 사람들은 누군가를 탓하는 데 시간을 낭비하거나 실패에 대한 두려움으로 시작하기도 전에 쉽게 포기해버린다.

진로장벽을 만났을 때 효과적으로 문제를 해결하기 위해서는 다음의 절차를 따른다.

[그림 9-1] 효과적인 문제해결 과정

문제해결을 위한 첫 번째 단계는 문제를 인식하는 것이다. 진로과정에서 어떤 어려움을 만난다고 하더라도 그것이 문제인지 모르고 넘어가면 모호함의 덫에 빠지게 될 것이다. 문제 상황임에도 문제로 인식하지 못할 경우 대다수의 정서적 감정은 좌절, 분노 등이다. 진로의 과정에서 분노와 좌절이 느껴진다면 지금 문제상황임을 인식해야 한다.

문제해결을 위한 두 번째 단계는 문제를 정의하는 것이다. 이 단계는 문제해결과정 전체에서 가장 중요한 부분이라고 해도 과언이 아니다. 대부분 문제해결에 실패를 하는 경우는 문제를 제대로 정의하지 못했기 때문이다. 문제를 정의할 때 문제 상황 속에 있는 두 가지 핵심 요소인 장벽이라는 원인과 목표 방해라는 결과의 인과관계를 가정해야 한다. 그리고 통제 가능한 범위로 문제를 정의해야 한다.

문제해결을 위한 세 번째 단계는 해결방안을 발견하는 것이다. 문제해결을 위한 대안을 발견하기 위해 가능한 대안에 대해 철저하면서도 포괄적이고 유연해야 하며 창의적으로 문제를 바라봐야 한다.

문제해결을 위한 네 번째 단계는 해결방안을 검토하는 것이다. 해결방안 검토라는 것은 문제해결에 대한 예상 결과를 예측하여 어떤 대안이 어떤 대가를 치를 것인지를 비교 검토해 보는 것이다.

문제해결을 위한 다섯 번째 단계는 해결방안의 선택이다. 다양하게 검토한 해결 방안 중 가장 적은 비용을 치를 수 있는 대안을 선택하는 것이 중요하다.

문제해결을 위한 여섯 번째 단계는 해결방안의 실행 단계이다. 아무리 멋진 대안도 실천하지 않으면 아무 소용이 없다. 자신의 삶에 변화를 주기 위해서는 문제해결방안을 마련한 후 이를 실행하여 한다. 이렇게 문제해결을 위한 실천을 동반할 때 우리는 더 나은 삶을 영위할 수 있다.

문제해결을 위한 일곱 번째 단계는 해결방안을 평가하는 것이다. 어떤 행동을 하고 난 다음에 이루어지는 평가는 다음에 그 행동을 할 것인가 말 것인가, 그 행동을 한다면 어떻게 더 효과적으로 할 수 있을까? 등 다음 행동을 선택하는 데 도움을 준다.

문제해결을 위한 마지막 단계는 실생활에 적용되는 것이다. 문제해결 방안을 평가하고 수정하여 실천하는 과정을 거듭하면서 실생활에 적용하여 실제 삶의 변화를 가져올 수 있도록 해야 한다.

그렇다면 진로장벽은 우리의 진로과정에 없애기만 해야 하는 장애물일 뿐일까? 사실 진로장벽은 누구에게나 존재하는 방해요인이다. 따라서 진로과정에서 진로장벽을 만나면 '왜 나만 이런 상황을 겪는 것일까?'라고 자책하고 억울함을 호소할 필요가 없다. 그리고 진로장벽은 개인의 인식에 따라 달라지는 주관적인 특성을 가지고 있다. 따라서 진로장벽을 긍정적으로 인식해서 걸림돌로 보지 않고 디딤돌로 바라보는 관점의 변화를 유도할 수 있다.

[활동지 9-1]

진로장벽과 문제해결 연습

여러분이 원하는 진로목표를 달성하는 과정에서 현재 예상되는 자신의 진로장벽에 대해 적어 보세요.

앞에서 작성한 진로장벽 중 가장 해결이 어렵다고 생각되는 것	
문제를 어떻게 인식하고 있나?	
문제를 정의해 보자.	
문제해결을 위한 해결방안을 가능한 한 많이 찾아보자.	
해결방안의 장단점을 적어 보자.	
실현가능성이 가장 높은 해결방안을 선택해 보자.	
해결방안의 구체적 실천사항을 작성해 보자.	
문제가 해결되었는가? 문제가 해결되었다면 문제해결이 가능하게 된 원인이 무엇인가?	
실생활에 적용하기 위한 방안은 무엇인가?	

* 출처: 황매향 외(2020). 진로탐색과 생애설계: 꿈을 찾아가는 포트폴리오. 서울: 학지사.

[활동지 9-2]

진로탐색장애 검사

※ 다음은 일반적으로 여러분의 진로발달을 어렵게 하는 문제(장애)에 관한 내용입니다. 각 문항을 읽고 자신에게 적합하다고 생각되는 정도에 표시해 주세요.

문항	질문	전혀 그렇지 아니다	거의 그렇지 않다	대체로 그렇다	매우 그렇다
1	나는 우유부단해서 무엇인가를 결정하기가 어렵다.	1	2	3	4
2	나는 인간관계가 좁은 편이기 때문에 직장생활에서 어려움이 예상된다.	1	2	3	4
3	앞으로 나의 진로는 부모님의 반대나 간섭으로 인해 영향을 많이 받을 것이다.	1	2	3	4
4	나는 직업에 대한 정보를 어디서 얻는지 잘 모르겠다.	1	2	3	4
5	앞으로 내가 선택한 직업에 종사할 때, 그 일이 점차 지루해질 것이다.	1	2	3	4
6	사회 경제적 환경의 변화 때문에 나의 취업은 영향을 많이 받는다.	1	2	3	4
7	내가 원하는 진로와 목표의 성취를 위해 필요한 경제적인 지원이 부족하다.	1	2	3	4
8	내가 하고 싶은 일을 하기에는 나의 신체적 조건이 나쁘다.	1	2	3	4
9	나는 나의 때문에 진로에 대한 결정을 빨리 내려야 한다.	1	2	3	4
10	나는 내가 원하는 직업에서 필요한 기술들을 습득하는 능력이 부족하다.	1	2	3	4
11	나는 일하는 데 필요한 주장성이 부족하다.	1	2	3	4
12	나는 직장생활에서 일과 관련된 어려움보다는 사람들과의 관계에 있어서 어려움이 더 클 것이다.	1	2	3	4
13	나는 부모님이나 이성친구가 나의 진로선택을 좋아하지 않을까 봐 걱정된다.	1	2	3	4
14	내가 선택할 수 있는 직업들에 대한 정보를 많이 알고 있다.	4	3	2	1
15	앞으로 내가 선택한 직업에 종사할 때, 그 일에 흥미가 점점 없어질 것 같다.	1	2	3	4
16	나는 앞으로 진로에 대해 막연한 불안함이 있다.	1	2	3	4
17	돈을 빨리, 많이 벌어서 가정 형편에 도움이 되어야 한다.	1	2	3	4
18	나는 건강 때문에 직업 선택에 어려움을 겪을 것이다.	1	2	3	4
19	나는 나이 때문에 하고 싶은 일을 할 시기를 놓쳤다고 생각한다.	1	2	3	4
20	나는 좋지 않은 성적 때문에 취업하기 어려울 것이다.	1	2	3	4
21	나는 무엇인가를 결정 내리고 난 후 그 결정에 대해 후회하는 경우가 많다.	1	2	3	4
22	나는 사람들과 잘 어울리기 때문에 직장생활이 쉬울 것이다	4	3	2	1
23	나에게 주요한 사람들이 내가 생각하고 있는 진로에 동의하지 않는다면, 진로를 결정하기 어려울 것이다.	1	2	3	4
24	나는 여러 가지 직업 분야에서 사람들이 실제로 어떤 일을 하고 있는지에 대해서 잘 알지 못한다.	1	2	3	4
25	나는 흥미 있는 일이나 선택하고 싶은 직업이 없다.	1	2	3	4
26	나는 앞으로 내가 원하는 진로를 갖지 못할까 봐 불안하다.	1	2	3	4
27	내가 원하는 일을 할 수 없는 것은 돈이 없기 때문이다.	1	2	3	4
28	신체적인 열등감이 나의 직업 선택이나 계획에 영향을 준다.	1	2	3	4

문항	질문	전혀 그렇지 아니다	거의 그렇지 않다	대체로 그렇다	매우 그렇다
29	나는 나이 때문에 진로에 있어서 남들에게 뒤쳐질까 봐 걱정이 된다.	1	2	3	4
30	나는 취업이 잘 안 될 것이다.	1	2	3	4
31	나는 일반적으로 어떤 결정을 내리는 것이 어렵다.	1	2	3	4
32	나는 앞으로 직장생활을 할 때 동료들과 잘 지낼 수 있을지 걱정이 된다.	1	2	3	4
33	나는 부모님이나 집안의 기대 때문에 내가 하고 싶은 일을 하지 못할 것이다.	1	2	3	4
34	내가 잘할 수 있는 직업분야가 무엇인지 아직 잘 모르겠다.	1	2	3	4
35	내가 지금 흥미를 갖고 있는 일은 시간이 흐르면 바뀔 것이다.	1	2	3	4
36	경기 불황으로 인해 일자리가 부족한 것이 나의 취업에 영향을 준다.	1	2	3	4
37	경제적 문제로 인해 내가 원하는 일을 할 수 없다.	1	2	3	4
38	나는 신체적인 열등감을 느끼고 있다.	1	2	3	4
39	나는 나이 때문에 진로를 계획하고 행동으로 옮기는 데 있어 지장을 받을 것이다.	1	2	3	4
40	나는 어려운 일이 닥치면 피하고 싶다.	1	2	3	4
41	나는 무슨 일을 하려면 몹시 긴장하기 때문에 직장생활에 어려움이 예상된다.	1	2	3	4
42	부모님이 반대하시면, 내가 하고 싶은 일이라도 직업으로 결정하기는 어려울 것이다.	1	2	3	4
43	내가 하고자 하는 일이나 교육 등에 대한 자료를 얻기가 어렵다.	1	2	3	4
44	시대 흐름의 변화가 나의 진로에 대한 선택과 계획에 혼란을 초래하고 있다.	1	2	3	4
45	나는 앞으로 진로선택에 있어서 경제적인 문제의 해결을 가장 중요하게 생각한다.	1	2	3	4

❋ 결과

요인	문항 해당 점수							합계
대인관계 어려움	1		2		3	4	5	
자기명확성 부족	6	7	8	9	10	11	12	
경제적 어려움	13		14	15	16		17	
중요한 타인과의 갈등	18		19	20	21		22	
직업정보 부족	23		24	25	26		27	
나이문제	28		29	30		31		
신체적 열등감	32		33	34		35		
흥미부족	36		37	38		39		
미래불안	40	41	42	43	44	45		
합계								

* 출처: 김은영(2001). 한국 대학생 진로탐색장애검사(KCBI)의 개발 및 타당화 연구. 박사학위논문. 이화여자
대학교.

[활동지 9-3]

진로탄력성 척도

※ 다음은 일반적으로 여러분의 진로탄력성에 관한 내용입니다. 각 문항을 읽고 자신에게 적합하다고 생각되는 정도에 표시해 주세요.

문항	질문	전혀 그렇지 않다	약간 그렇지 않다	보통 이다	약간 그렇다	매우 그렇다
1	나는 잘할 수 있을 것이라고 믿는다.	1	2	3	4	5
2	나는 진로에서 어떤 일도 결국에는 잘될 것이라고 확신한다.	1	2	3	4	5
3	나는 나의 진로에서 성공할 수 있을 것이라고 자신한다.	1	2	3	4	5
4	어떤 상황에서도 나에 대한 믿음을 가진다.	1	2	3	4	5
5	내가 원하는 진로에서 성공할 자신이 없다.	5	4	3	2	1
6	진로과정에서 어려움에 부딪힐 때도 나 자신을 믿는다.	1	2	3	4	5
7	내가 추구하는 삶의 비전(목적)이 있다.	1	2	3	4	5
8	나는 이루고 싶은 또렷한 목표를 가지고 있지 않다.	5	4	3	2	1
9	나는 이루고 싶은 구체적인 목표와 계획이 있다.	1	2	3	4	5
10	내가 생각하는 분명한 성공의 기준이 있다.	1	2	3	4	5
11	나는 꿈과 목표를 이룬 모습을 생각하면 의욕이 생긴다.	1	2	3	4	5
12	나는 목표의식이 분명한 편이다.	1	2	3	4	5
13	진로와 관련해서 더욱 발전하기 위해 꾸준히 학습한다.	1	2	3	4	5
14	나의 전문성을 발전시키기 위해 노력한다.	1	2	3	4	5
15	내 진로에서 전문가가 되기 위해 계속 배우려 한다.	1	2	3	4	5
16	나는 진로와 관련하여 새로운 기술을 배우려 한다.	1	2	3	4	5
17	진로와 관련해서 잘 모르는 것이 있더라도 배우려고 하지 않는다.	5	4	3	2	1
18	나는 진로를 위해 준비하며 노력한다.	1	2	3	4	5
19	나는 역동적인 변화를 오히려 즐기는 편이다.	1	2	3	4	5
20	나는 실패와 좌절에 대해 두려움이 크다.	5	4	3	2	1
21	낯설고 새로운 사람들과 함께 일하는 것이 힘들지 않다.	1	2	3	4	5
22	갑작스런 변화에도 짜증내지 않고 차분히 대처한다.	1	2	3	4	5
23	사회 변화에 민감하고 적절하게 대처하지 못한다.	5	4	3	2	1
24	나의 진로에서 갑작스런 변화에도 유연하게 대처한다.	1	2	3	4	5
25	나를 재충전할 수 있는 활동을 함께하는 사람들이 있다.	1	2	3	4	5
26	진로에서 좌절했을 때 친구나 가족의 위로가 도움이 된다.	1	2	3	4	5
27	주위 사람들과 대화를 나누며 진로 스트레스를 해소한다.	1	2	3	4	5
28	나의 스트레스를 털어놓을 수 있어서 큰 힘이 되어 주는 사람들이 있다.	1	2	3	4	5
29	내 주위에는 나를 응원하고 격려해 주는 사람들이 없다.	5	4	3	2	1
30	내 주변 사람들은 나에게 관심과 사랑을 가지고 있다.	1	2	3	4	5

※ 결과

요인	문항						합계
	해당 점수						
자기신뢰	1	2	3	4	5	6	
성취열망	7	8	9	10	11	12	
진로자립	13	14	15	16	17	18	
변화대처	19	20	21	22	23	24	
관계활용	25	26	27	28	29	30	
합계							

* 출처: 김미경(2013). 전문대학생 진로탄력성 척도 개발. 박사학위논문. 경북대학교.

[활동지 9-4]

진로적응성 척도

※ 다음은 일반적으로 여러분의 진로적응성에 관한 내용입니다. 각 문항을 읽고 자신에게 적합하다고 생각
되는 정도에 표시해 주세요.

문항	질문	전혀 그렇지 아니다	약간 그렇지 않다	보통 이다	약간 그렇다	매우 그렇다
1	나는 나의 미래 모습을 상상하고는 한다.	1	2	3	4	5
2	나는 현재 나의 선택이 나의 미래를 만든다는 것을 알고 있다.	1	2	3	4	5
3	나는 내가 원하는 미래를 위한 준비를 하고 있다.	1	2	3	4	5
4	나는 나의 목표를 이루기 위해 필요한 교육 및 진로와 관련된 활동들이 무엇인지 알고 있다.	1	2	3	4	5
5	나는 나의 목표를 어떻게 달성할 것인지 계획하고 있다.	5	4	3	2	1
6	나는 나의 진로에 대해 관심을 갖고 있다.	1	2	3	4	5
7	나는 긍정적인 태도를 유지한다.	1	2	3	4	5
8	나는 내 스스로 결정을 내린다.	5	4	3	2	1
9	나는 나의 행동에 책임을 진다.	1	2	3	4	5
10	나는 나의 신념을 지키며 산다.	1	2	3	4	5
11	나는 나 자신을 믿는다.	1	2	3	4	5
12	나는 나에게 적합한 선택을 한다.	1	2	3	4	5
13	나는 나를 둘러싼 주변 환경을 탐색한다.	1	2	3	4	5
14	나는 나의 성장을 위한 기회를 찾는다.	1	2	3	4	5
15	나는 선택을 하기 전에 여러 대안을 살펴본다.	1	2	3	4	5
16	나는 일을 처리할 때 다양한 방법을 고려해 본다.	1	2	3	4	5
17	나는 내가 가지고 있는 문제에 대해 깊이 탐색한다.	5	4	3	2	1
18	나는 새로운 일(기회)을 접하면 호기심이 생긴다.	1	2	3	4	5
19	나는 주어진 과제를 효율적으로 수행할 수 있다.	1	2	3	4	5
20	나는 나에게 주어진 일을 잘 처리할 수 있다.	5	4	3	2	1
21	나는 새로운 스킬(기술)을 잘 배울 수 있다.	1	2	3	4	5
22	나는 내 능력을 발휘할 수 있다.	1	2	3	4	5
23	나는 난관을 잘 극복할 수 있다.	5	4	3	2	1
24	나는 문제를 잘 해결할 수 있다.	1	2	3	4	5

✳ 결과

요인	문항						합계
	해당 점수						
진로관심	1	2	3	4	5	6	
진로통제	7	8	9	10	11	12	
진로호기심	13	14	15	16	17	18	
진로자신감	19	20	21	22	23	24	
합계							

* 출처: 정지은(2013). 대학생의 진로적응성과 사회적지지, 자아존중감 및 자기주도학습의 인과적 관계. 석사학위논문. 서울대학교.

[활동지 9-2~9-4]까지 검사(진로장벽정도와 진로탄력성, 진로적응성) 결과를 보고 자신의 진로에 대해 성찰해 보세요.

10 직업과 역량

1. 직업세계가 원하는 역량
2. 직업세계 속 나의 역량
3. 역량개발 계획 수립

학습 목표

- 직업세계에서 원하는 기초 역량이 무엇인지 말할 수 있다.
- 자신의 직업역량 수준을 평가하고, 역량개발을 위한 계획을 수립할 수 있다.
- 자신이 수립한 역량개발 계획을 실천할 수 있다.

10 직업과 역량

1 직업세계가 원하는 역량

우리는 원하는 직업을 갖기 위해 부단히 자신의 능력을 개발한다. 또한 자신의 능력을 발휘할 수 있는 진로를 선택해서 인정을 받고 싶어 한다. 능력에 맞는 일을 할 때 우리는 효능감과 행복감을 느낀다. 왜냐하면 능력에 맞는 일을 할 때 성과를 창출하기 때문이다. 성과는 약점의 보완보다는 강점을 강화시키는 데서 산출된다는 말이 있다. 사람은 누구나 남보다 잘 하는 분야가 있게 마련이며, 그렇다고 해서 모든 분야에서 재능을 가질 수는 없다. 이러한 맥락에서 부족한 부분을 보완하는 데 에너지를 쓰기보다는 자신이 가지는 재능에 에너지를 투자해서 더욱 큰 성과를 내는 것이 효과적이다. 따라서 우리는 자신이 어떤 약점이 있고, 어떤 재능을 가지고 있는지를 잘 알고 자신의 강점을 잘 발휘할 수 있는 직업을 선택해야 한다.

자신의 강점과 약점을 알아보는 방법은 다양하다. 앞서서 살펴보았던 진로흥미검사, 직업적성 검사 등과 관련해 자신의 강점을 살펴볼 수 있고, 성격검사 등을 통해서도 자신의 강점을 알아볼 수 있다. 강점에 많은 에너지를 쏟으라고 해서 약점을 돌보지 말라는 의미는 아니다. 능력에 대한 평가를 통해 자신의 부족한 부분을 파악하고 어떻게 하면 부족한 부분을 보완할 수 있는지를 점검해서 자신의 약점을 보완할 때 자신이 가지고 있는 강점을 활용해 약점을 보완할 수 있어야 할 것이다.

직업을 선택하고, 직업세계로 이동하여 그곳에 적응하기 위해 직업역량을 갖추어야 한다. 직업역량은 어떤 일에 종사하든지 공통적으로 필요한 직업기초능력과 특정 직무를 수행하는 데 필요한 직무수행능력, 자신에게 맞는 일자리를 구하는 데 필요한 구직기술로 나뉜다.

1) 직업기초능력

직업기초능력이란 직종이나 직위에 상관없이 대부분의 직종에서 직무를 성공적으로 수행하는데 필요한 기본적인 지식, 기술, 태도 등을 말한다. 한국대학교육협의회에서 국가직무능력표준(National Competency Standard: NCS)을 개발하여 직업기초능력을 정의하고 있다. 직업기초능력은 10가지 영역의 능력으로 구성되어 있으며, 각 능력별 하위 능력을 세분화되어 있다. 직업기초능력은 초등학교부터 고등학교까지 교육과정을 이수하면 갖출 수 있는 보편적인 능력에 해당되므로, 진로개발 과정에서 충실히 향상시켜 나가야 할 능력이다.

〈표 10-1〉 직업기초능력의 영역별 정의 및 하위능력

직업기초능력	정의	하위능력
의사소통능력	업무를 수행함에 있어 글과 말을 읽고 들음으로써 타인이 뜻한 바를 파악하고 자기가 뜻한 바를 글과 말을 통해 정확하게 쓰거나 말하는 능력	문서이해능력, 문서작성능력, 경청능력, 언어구사능력, 기초외국어능력
수리능력	업무를 수행함에 있어 시칙연산, 통계, 확률의 의미를 정확하게 이해하고 이를 업무에 적용하는 능력	기초연산능력, 기초통계능력, 도표분석능력, 도표작성능력
문제해결능력	업무를 수행함에 있어 문제 상황이 발생하였을 경우, 창조적이고 논리적인 사고를 통하여 이를 올바르게 인식하고 적절히 해결하는 능력	사고력, 문제처리능력
자기개발능력	업무를 추진하는 데 스스로 관리하고 개발하는 능력	자아인식능력, 자기관리능력, 경력개발능력
자원관리능력	업무를 수행하는 데 시간, 자본, 재료 및 시설, 인적자원 등의 자원 가운데 무엇이 얼마나 필요한지를 확인하고 이용 가능한 자원을 최대한 수집하여 실제 업무에 어떻게 활용할 것인지를 계획하며, 이를 계획대로 업무수행에 할당하는 능력	시간자원관리능력, 예산관리능력, 물적자원관리능력, 인적자원관리능력
대인관계능력	업무를 수행함에 있어 접촉하게 되는 사람들과 문제를 일으키지 않고 원만하게 지내는 능력	팀워크능력, 리더십능력, 갈등관리능력, 협상능력, 고객서비스능력

직업기초능력	정의	하위능력
정보능력	업무와 관련된 정보를 수집하고 이를 분석하여 의미 있는 정보를 찾아내며, 의미 있는 정보를 업무수행에 적절하도록 조직하고, 조직된 정보를 관리하며, 업무수행에 이러한 정보를 활용하고, 이러한 제 과정에 컴퓨터를 사용하는 능력	컴퓨터활용능력, 정보처리능력
기술능력	업무를 수행함에 있어 도구, 장치 등을 포함하여 필요한 기술에는 어떤 것들이 있는지 이해하고, 실제 업무를 수행함에 있어 적절한 기술을 선택하여 적용하는 능력	기술이해능력, 기술선택능력, 기술적용능력
조직이해능력	업무를 원활하게 수행하기 위해 국제적인 추세를 포함하여 조직의 체제와 경영에 대해 이해하는 능력	국제감각능력, 조직체제이해능력, 경영이해능력, 업무이해능력
직업윤리	업무를 수행함에 있어 원만한 직업생활을 위해 필요한 태도, 매너, 올바른 직업관	근로윤리, 공동체 윤리

* 출처: 황매향 외(2020). 진로탐색과 생애설계: 꿈을 찾아가는 포트폴리오. p. 72. 재인용.

2) 직무수행능력

직무수행능력이란 어떤 직업 또는 직무 수행에 필요한 특수한 능력을 의미한다. 이는 적성보다 좁은 의미로 특정한 직무를 수행하는 데 기여하는 것이다. 특정분야에서는 직무수행능력을 확인하기 위해 능력의 준거를 제시하는 자격증 제도를 운영하기도 한다. 자격증 취득과 관련된 정보를 얻기 위해서는 한국산업인력공단에서 운영하는 큐넷(www.q-net.or.kr)에서 종합적으로 제공하고 있다. 내가 지원하는 직무를 수행하기 위해 어떤 능력 및 기술이 필요한지 아는 것은 중요하다. NCS에서는 직업과 관련해서 대분류 24개, 중분류 80개, 소분류 238개, 세분류 887개로 분류하고 있다. 일반적으로 세분류 단위에서 직무명을 확인할 수 있고, 능력 단위는 그 직무를 구성하는 과업을 의미하며, 해당 역량을 학습할 수 있는 모듈, 추후 진로를 계획할 수 있는 경력개발 경로, 시험출제 기준 등을 상세히 지공한다. 일반적으로 직무능력을 평가하는 내용은 전공관련 내용을 중심으로 평가한다고 볼 수 있다.

3) 구직기술

구직기술이란 취업을 하기 위해 필요한 능력을 총칭하는 말로 직업정보 및 구인정보 탐색에서부터 이력서 작성, 자기소개서 작성, 면접준비까지 취업의 전 과정에서 필요한 능력이다. 구직기술은 길러지는 능력으로 꾸준한 노력을 통해 구직기술을 습득하는 것은 성공적인 취업을 위해 꼭 필요한 과정이다.

오늘날 직업현장에서는 어떤 인재를 요구할까? 학력이나 경력이 긴 길이형 인재를 원할까? 전공 능력만 뛰어난 넓이형 인재를 원할까? 사실 오늘날의 직업세계에서는 하나의 능력만 뛰어난 인재보다는 넓은 지식, 안목, 역량 성품을 골고루 갖춘 다면체형 인재를 요구한다. 직업기초능력, 직무수행능력, 구직기술 외에도 미국경영연합회에서 21세기에 가장 필요한 역량으로 4C역량을 언급하고 전미교육협회가 교육내용에 포함시켰다. 4C역량이란 의사소통능력(Communication), 협업능력(Collaboration), 비판적사고능력(Critical Thinking), 창의력(Creative)을 말하는 것으로 미래사회의 핵심역량이라고 일반적으로 알고 있다. 하지만 오늘날 한 걸음 더 나아가 분석적이고 창의적 사고, 복합적인 의사소통 능력, 리더십과 팀워크, 디지털/양적 리터러시, 세계적 시각, 적응력/진취성/모험정신, 진실성과 윤리적 의사결정/마음의 습관/사고방식의 8대역량을 강조하고 있다. 4C역량이든 8대역량이든 이러한 역량을 갖춘 인재가 되기 위해 나의 역량은 어떠한지 살펴보는 것이 중요하다.

[참고자료]

대기업의 인재상 및 요구하는 역량

기업 명	인재상 및 요구하는 역량
삼성전자	창의적 인재, 도전적 인재, 글로벌 인재
현대자동차	전문 인재, 도전, 창의, 열정, 협력, 글로벌 마인드
LG전자	열정과 승부 근성, 실행력, 전문역량을 갖춘 Right People
삼성생명	인간미와 도덕성, 창조적 사고와 도전정신, 글로벌역량
SK	핵심전문역량, 창의와 혁신, 정보기술 활용능력
POSCO	도전의식과 창의력, 팀워크, 글로벌역량, 건전한 윤리관
CJ그룹	유연함, 오픈마인드, 책임감
국민은행	창의적 사고와 행동, 변화선도, 고객가치 향상
GS칼텍스	신뢰, 탁월, 유연, 도전, 비전, 전략적 사고
GE	열정과 에너지, 동기부여 능력, 집중, 결단력, 실행력
소니	호기심, 마무리에 대한 집념, 사고의 유연성, 낙관주의, 위험감수
ING생명	팀워크, 결과지향성, 적극성, 전문성, 고객서비스 정신

* 출처: 윤옥한(2019). 인생설계와 직업 · 진로 탐색. 경기: 양서원.

② 직업세계 속 나의 역량

　진로개발 과정에서 자기이해의 중요성은 더 이상 강조하지 않아도 잘 알 것이다. 직업세계에서 요구하는 인재가 되기 위해 현재 자신의 상태를 정확히 파악하는 것 역시 자기이해의 관점에서 매우 중요하다고 할 수 있다. 직업세계에서 환영받는 인재가 되기 위해 어떤 역량을 갖추어야 하는지 알았다면, 현재 나의 역량 수준은 어느 정도인지 점검하는 것이 필요하다.

　채용시장의 변화에 따라 인재의 기준도 달라지고 있다. 과거에는 모든 능력에서 뛰어난 범용성 인재를 선호하였으나, 오늘날에는 다면체형 인재와 더불어 직무에 가장 적합한 맞춤형 인재를 선호한다. 맞춤형 인재가 되기 위해 인턴십 프로그램을 적극 활용할 필요가 있다. 인턴십은 일정 기간 직업현장에서 직접 실무를 체험하는 제도로 오늘날은 성공취업을 위한 필수 요소로 생각한다. 맞춤형 인재가 되기 위해 희망 직업 관련 자격증 취득도 필수 요건이 되었다. 무작정 많은 숫자의 자격증이 아니라 희망 직종에서 요구하는 자격증으로 집중되는 것이 맞춤형 인재로 선택될 가능성이 높다. 최근 기업에서 공모전을 통해 채용의 특혜를 주는 회사가 늘어나고 있다. 따라서 공모전 정보를 수집하고 적극적으로 공모전과 같은 제도를 활용하여 자신의 역량을 펼쳐 보이는 것이 중요하다.

　또한 국가 간 경계가 약화되고 있는 요즘 글로벌 인재에 대한 요구가 늘어나고 있다. 글로벌 인재란 국제적으로 의사소통이 가능하며 세계 각국의 다양한 문화를 이해하고 이를 자신의 것으로 소화하려고 노력하는 인재이다. 글로벌 인재가 되기 위해서는 창의성, 외국어 능력, 협업 능력 등을 갖추어야 한다.

　오늘날 기업에서는 능력뿐만 아니라 인성도 중요한 채용 요건으로 보고 있다. 자신이 인성을 갖춘 인재라는 것을 증명하는 수단이 봉사활동이 될 수 있다. 다양한 기관에서 주관하는 봉사활동에 참여하는 것은 물론, 자신만의 스토리를 갖춘 봉사활동을 통해 인성을 갖추는 데 도움을 얻을 수 있다.

　또한 오늘날은 도전적이고 열정적인 인재도 원하고 있다. 문제를 만났을 때 두려워 피하는 것이 아니라 문제를 이해하고 분석하고 문제해결을 위해 지치지 않는 열정으로 도전하는 인재야 말로 각 기업에서 원하는 역량을 갖춘 인재가 아닐까 한다.

　이러한 역량은 각 대학에서 표방하고 있는 핵심역량과 맞닿아 있다. 대학생활을 통해 여러분이 속한 대학에서 제공하는 다양한 교육서비스를 받아 핵심역량을 갖추고, 나아가 희망하는 직종에서 원하는 역량을 쌓아가야 한다.

[활동지 10-1]

나의 역량 수준: 자기평가

※ 다음은 NCS의 직업기초역량이다. 현재 자신의 역량을 스스로 평가해 봅시다.

직업기초역량	하위역량	자기평가					합계	해당 역량에 대한 서술적 평가
		매우 미흡	미흡	보통	우수	매우 우수		
의사소통능력	문서이해능력	1	2	3	4	5		
	문서작성능력	1	2	3	4	5		
	경청능력	1	2	3	4	5		
	언어구사능력	1	2	3	4	5		
	기초외국어능력	1	2	3	4	5		
수리능력	기초연산능력	1	2	3	4	5		
	기초통계능력	1	2	3	4	5		
	도표분석능력	1	2	3	4	5		
	도표작성능력	1	2	3	4	5		
문제해결능력	사고력	1	2	3	4	5		
	문제처리능력	1	2	3	4	5		
자기개발능력	자아인식능력	1	2	3	4	5		
	자기관리능력	1	2	3	4	5		
	경력개발능력	1	2	3	4	5		
자원관리능력	시간자원관리능력	1	2	3	4	5		
	예산관리능력	1	2	3	4	5		
	물적자원관리능력	1	2	3	4	5		
	인적자원관리능력	1	2	3	4	5		
대인관계능력	팀워크능력	1	2	3	4	5		
	리더십능력	1	2	3	4	5		
	갈등관리능력	1	2	3	4	5		
	협상능력	1	2	3	4	5		
	고객서비스능력	1	2	3	4	5		
정보능력	컴퓨터활용능력	1	2	3	4	5		
	정보처리능력	1	2	3	4	5		
기술능력	기술이해능력	1	2	3	4	5		
	기술선택능력	1	2	3	4	5		
	기술적용능력	1	2	3	4	5		
조직이해능력	국제감각능력	1	2	3	4	5		
	조직체제이해능력	1	2	3	4	5		
	경영이해능력	1	2	3	4	5		
	업무이해능력	1	2	3	4	5		
직업윤리	근로윤리	1	2	3	4	5		
	공동체윤리	1	2	3	4	5		

나의 역량 수준: 진단평가

※ 다음은 NCS의 직업기초역량이다. 정답이 없으니 솔직하게 답해 주세요.

직업기초역량	문항	질문	매우 미흡	미흡	보통	우수	매우 우수
의사소통능력	1	나는 의사소통의 중요성을 설명할 수 있다.	1	2	3	4	5
	2	나는 의사소통의 능력과 종류를 구분하여 설명할 수 있다.	1	2	3	4	5
	3	나는 의사소통을 적절히 하여야만 하는 이유를 설명할 수 있다.	1	2	3	4	5
	4	나는 올바른 의사소통을 저해하는 요인에 대해 설명할 수 있다.	1	2	3	4	5
	5	나는 올바른 의사소통을 저해하는 요인을 제거하는 방법에 다해 설명할 수 있다.	1	2	3	4	5
	6	나는 효과적인 의사소통능력을 개발하기 위한 방법을 설명할 수 있다.	1	2	3	4	5
수리능력	7	나는 수리능력이 중요한 이유를 설명할 수 있다.	1	2	3	4	5
	8	나는 업무수행과정에서 수리능력이 활용되는 경우를 설명할 수 있다.	1	2	3	4	5
	9	나는 업무수행과정에서 기초적인 연산이 요구되는 상황을 설명할 수 있다.	1	2	3	4	5
	10	나는 다단계의 복잡한 사칙연산을 수행할 수 있다.	1	2	3	4	5
	11	나는 통계의 의미를 설명할 수 있다.	1	2	3	4	5
	12	나는 업무에 활용되는 기본적인 통계치를 설명할 수 있다.	1	2	3	4	5
	13	나는 도표작성의 목적을 설명할 수 있다.	1	2	3	4	5
	14	나는 업무수행과정에서 활용되는 도표를 읽고 해석할 수 있다.	1	2	3	4	5
문제해결능력	15	나는 문제처리능력의 중요성을 설명할 수 있다.	1	2	3	4	5
	16	나는 문제해결절차를 설명할 수 있다.	1	2	3	4	5
	17	나는 문제 인식의 의미와 절차를 설명할 수 있다.	1	2	3	4	5
	18	나는 문제 도출의 의미와 절차를 설명할 수 있다.	1	2	3	4	5
	19	나는 원인 분석의 의미와 절차를 설명할 수 있다.	1	2	3	4	5
	20	나는 해결안 개발의 의미와 절차를 설명할 수 있다.	1	2	3	4	5
	21	나는 실행 및 평가의 의미와 절차를 설명할 수 있다.	1	2	3	4	5
	22	나는 문제해결절차에 따라 실제 발생하는 문제를 해결할 수 있다.	1	2	3	4	5
자기개발능력	23	나는 자기개발의 의미를 설명할 수 있다.	1	2	3	4	5
	24	나는 자기개발능력의 의미를 설명할 수 있다.	1	2	3	4	5
	25	나는 자기개발의 특징을 설명할 수 있다.	1	2	3	4	5
	26	나는 현대사회에서 자기개발이 필요한 이유를 설명할 수 있다.	1	2	3	4	5
	27	나는 자아인식의 개념을 설명할 수 있다.	1	2	3	4	5
	28	나는 자기관리의 개념을 설명할 수 있다.	1	2	3	4	5
	29	나는 경력개발의 개념을 설명할 수 있다.	1	2	3	4	5
	30	나는 자기개발을 방해하는 장애요소를 해결할 수 있다.	1	2	3	4	5
	31	나는 자기개발 계획의 수립전략을 설명할 수 있다.	1	2	3	4	5
	32	나는 자기개발 계획 수립이 어려운 이유에 대해서 설명할 수 있다.	1	2	3	4	5
	33	나는 브랜드의 조건을 설명할 수 있다.	1	2	3	4	5
	34	나는 자신을 브랜드화하기 위한 전략을 설명할 수 있다.	1	2	3	4	5
	35	나는 브랜드를 PR하는 방법을 설명할 수 있다.	1	2	3	4	5

직업기초역량	문항	질문	매우 미흡	미흡	보통	우수	매우 우수
자원관리능력	36	나는 자원의 종류를 설명할 수 있다.	1	2	3	4	5
	37	나는 자원관리의 중요성을 설명할 수 있다.	1	2	3	4	5
	38	나는 자원의 낭비요인에 대하여 설명할 수 있다.	1	2	3	4	5
	39	나는 효과적인 자원관리 과정을 설명할 수 있다.	1	2	3	4	5
대인관계능력	40	나는 대인관계능력의 의미를 설명할 수 있다.	1	2	3	4	5
	41	나는 대인관계 형성시 중요한 요소를 설명할 수 있다.	1	2	3	4	5
	42	나는 대인관계 향상이 무엇인지 설명할 수 있다.	1	2	3	4	5
	43	나는 다양한 대인관계 향상 방법을 설명할 수 있다.	1	2	3	4	5
	44	나는 다양한 대인관계 향상 방법을 실제 직업생활에서 활용할 수 있다.	1	2	3	4	5
정보능력	45	나는 자료와 정보의 차이점을 설명할 수 있다.	1	2	3	4	5
	46	나는 정보의 핵심적인 특성에 대해서 설명할 수 있다.	1	2	3	4	5
	47	나는 정보화 사회의 특징을 설명할 수 있다.	1	2	3	4	5
	48	나는 정보화 사회에서 내가 필수적으로 해야 할 일이 무엇인지 설명할 수 있다.	1	2	3	4	5
	49	나는 업무수행을 위해 컴퓨터가 활용되는 분야를 설명할 수 있다.	1	2	3	4	5
	50	나는 업무수행 중에 컴퓨터를 활용하여 필요한 정보를 찾아낼 수 있다.	1	2	3	4	5
	51	나는 업무에 필요한 정보를 효과적으로 활용하기 위한 정보처리 절차를 설명할 수 있다.	1	2	3	4	5
	52	나는 업무에 필요한 정보를 수집하기 앞서서 필요한 정보의 전략적 기획에 대해 설명할 수 있다.	1	2	3	4	5
	53	나는 인터넷의 문제점(역기능)에 대해서 설명할 수 있다.	1	2	3	4	5
	54	나는 사이버 공간에서 지켜야 할 예절에는 어떠한 것들이 있는지 설명할 수 있다.	1	2	3	4	5
	55	나는 나에게 중요한 개인정보가 무엇인지 설명할 수 있다.	1	2	3	4	5
	56	나는 나의 개인정보를 보호하기 위한 방법을 설명할 수 있다.	1	2	3	4	5
기술능력	57	나는 기술이란 무엇이고, 왜 중요한지 설명할 수 있다.	1	2	3	4	5
	58	나는 기술능력의 의미와 중요성에 대해 설명할 수 있다.	1	2	3	4	5
	59	나는 기술능력을 향상시키기 위한 방법에는 어떠한 것이 있는지 설명할 수 있다.	1	2	3	4	5
	60	나는 기술의 원리와 절차 그리고 기술 시스템에 대해 설명할 수 있다.	1	2	3	4	5
	61	나는 일에 필요한 기술을 적용할 때 자원, 시간, 비용 등의 제반 여건을 파악할 수 있다.	1	2	3	4	5
	62	나는 일에 필요한 최적의 기술을 선택하여 학습할 수 있다.	1	2	3	4	5
	63	나는 일을 할 때, 기술을 적용한 후 새로운 기술이 요구되면 그것을 학습하고 효과적인 적용 방안을 모색할 수 있다.	1	2	3	4	5
	64	나는 일을 하는 데 있어서 기술사용의 어려움을 겪었다면 왜 그런 결과가 나왔는지 오류와 개선점을 확인할 수 있다.	1	2	3	4	5
	65	나는 지속가능한 발전과 기술에 대해 설명할 수 있다.	1	2	3	4	5
	66	나는 산업재해의 의미와 예방대책에 대해 설명할 수 있다.	1	2	3	4	5

직업기초역량	문항	질문	매우 미흡	미흡	보통	우수	매우 우수
조직이해능력	67	나는 내가 속한 조직들을 나열할 수 있다.	1	2	3	4	5
	68	나는 조직이해의 필요성을 설명할 수 있다.	1	2	3	4	5
	69	나는 내가 속한 조직의 유형을 구분할 수 있다.	1	2	3	4	5
	70	나는 경영이해능력의 중요성을 설명할 수 있다.	1	2	3	4	5
	71	나는 경영자의 역할을 구분할 수 있다.	1	2	3	4	5
	72	나는 체제이해능력의 중요성을 설명할 수 있다.	1	2	3	4	5
	73	나는 조직체제의 구성요소를 구분할 수 있다.	1	2	3	4	5
	74	나는 업무이해능력의 중요성을 설명할 수 있다.	1	2	3	4	5
	75	나는 환경이 조직에 미치는 영향을 설명할 수 있다.	1	2	3	4	5
	76	나는 국제감각의 중요성을 설명할 수 있다.	1	2	3	4	5
	77	나는 조직변화 전략을 수립할 수 있다.	1	2	3	4	5
	78	나는 조직과 나의 관계를 설명할 수 있다.	1	2	3	4	5
직업윤리	79	나는 윤리적 인간이란 어떠한 사람을 말하는지 설명할 수 있다.	1	2	3	4	5
	80	나는 윤리적 규범이 어떻게 형성되는지 설명할 수 있다.	1	2	3	4	5
	81	나는 윤리의 의미를 설명할 수 있다.	1	2	3	4	5
	82	나는 일과 인간의 삶의 관계를 설명할 수 있다.	1	2	3	4	5
	83	나는 직업의 의미를 설명할 수 있다.	1	2	3	4	5
	84	나는 우리의 입신출세론의 문제점을 설명할 수 있다.	1	2	3	4	5
	85	나는 개인윤리와 직업윤리의 관계를 설명할 수 있다.	1	2	3	4	5
	86	나는 직업윤리의 의미를 설명할 수 있다.	1	2	3	4	5
	87	나는 개인윤리와 직업윤리는 어떻게 조화되는지 설명할 수 있다.	1	2	3	4	5

※ 결과

직업기초역량	자기평가 합계	진단평가 합계
의사소통능력		
수리능력		
문제해결능력		
자기개발능력		
자원관리능력		
대인관계능력		
정보능력		
기술능력		
조직이해능력		
직업윤리		

* 출처: 국가직무능력표준(www.ncs.go.kr).

NCS 직업기초역량 자기평가와 진단평가 결과를 보고 자신의 직업기초역량에 대해 자유롭게 기술하세요.

③ 역량개발 계획 수립

지금까지 직업세계에서 요구하는 역량과 나의 역량수준을 살펴보았다. 오늘날 많은 기업에서는 개인과 조직차원에서 구성원의 역량개발을 강조한다. 개인적 차원에서는 자아실현, 경력개발, 성공적인 진로선택 등의 차원이라고 할 수 있으며 조직적 차원에서는 전략적 인적자원을 확보하고, 성과, 역량, 개발중심의 조직문화를 조성할 수 있기 때문이다. 나는 현재 직업세계에서 요구하는 역량을 어느 정도 갖추고 있는가? 내가 희망하는 직종을 찾고, 그 직종에 맞는 역량을 갖기 위해서는 체계적인 노력이 필요하다. 다음 절차에 따라 역량개발 계획을 세워 보자.

[그림 10-1] 역량개발 계획 수립 절차

[활동지 10-2]

나의 역량개발 계획

※ 내가 하고 싶은 일을 가상의 직업으로 정하고, 다음의 표를 작성해 봅시다.

내가 하고 싶은 일			그 직업을 통해 이루고 싶은 것	
		⟹		
내가 하고 싶은 일에 필요한 역량				
필요한 역량 중 강점인 역량				
필요한 역량 중 개발이 필요한 역량				

개발이 필요한 역량	개발역량의 하위 역량	하위역량 개발을 위해 필요한 구체적 활동	실천 점검

역량개발 계획서 작성 소감	

11 비전과 직업

1. 비전의 의미 알기
2. 직업가치의 발견
3. 비전을 실현할 직업 선택하기

학습 목표

비전의 의미를 알고, 진로에서 비전의 역할을 설명할 수 있다.

직업가치에 대한 이해를 바탕으로 직업에 대한 나의 가치관을 정립할 수 있다.

나의 비전을 실현시켜 줄 직업을 말하고, 그 직업을 갖기 위해 필요한 것을 나열할 수 있다.

11 비전과 직업

1 비전의 의미 알기

비전의 사전적 의미는 내다보이는 장래의 상황, 즉 상상력, 직관력, 통찰력 등이다. 비전이란 미래에 일어날 일을 현재 일어난 일처럼 구체적이고 명확하게 생각하고, 마치 사진처럼 마음속 이미지로 나타내 보이는 것이라고 할 수 있다. 진로과정에서 비전은 어떤 의미가 있을까? 내가 누구이며, 나는 어디로 가고 있으며, 무엇이 나의 길을 안내할지를 명확하게 인지하고 구체화시키는 것이 진로에서 비전의 역할이 아닐까 한다.

『최고의 질문』,『프로페셔널의 조건』과 같은 자기개발서 영역의 베스트셀러 작가이자 세계적인 경영학자 피터 드러커는 미래를 예측하는 가장 정확한 방법은 미래를 직접 만드는 것이라고 했다. 또한 성공한 사람들은 비전을 크게 세웠다는 공통점이 있다. 나아가 비전이 큰 것만이 아니라, 자신이 바라는 미래를 만들기 위해 그 비전을 가능한 구체화시키고, 비전을 이루기 위해 철저하게 실천했다는 점이다.

'코이'라는 물고기에 대해 한번쯤 들어 봤을 것이다. 코이는 수족관의 크기에 따라 자랄 수 있는 크기가 달라진다고 한다. 코이의 법칙이라는 말을 사용해 어떤 환경을 선택할 것인지 우리에게 질문한다. 즉, 나를 어항에 둘 것인가? 강에 둘 것인가? 그 환경은 내가 만들어 가고 내가 결정한다.

사람들은 환경의 지배를 받는다. 사람은 누구나 100%의 능력을 가지고 태어나지만, 어떤 사람은 자신의 능력에 10%도 발휘하지 못한 채 생을 마감하기도 하고, 어떤 사람은 100%를 다 발휘한다고 한다. 우리는 흔히 성공하고 싶다고 이야기하면서 자신의 능력을 충분히 사용하기를 주저하고 있지 않은가? 우리가 성공이라는 이름을 붙여 줄 수 있는 사람들은 자신의 능력을 100% 다 활용한 사람들인 것이다.

비전은 그것을 이루었다고 끝나는 것이 아니다. 비전은 미래의 삶에 대해 끊임없이 꿈꾸고, 그것을 구체화시켜 이루어 나가면서 성장할 수 있는 동력으로 사용된다. 따라서 비전이 있는 삶은 자신이 꿈꾸는 삶을 향해 끊임없이 꿈꾸고 도전하며 성장하는 삶이다.

② 직업가치의 발견

직업을 선택할 때는 지금까지 살펴본 바와 같이 개인의 비전, 적성, 흥미뿐만 아니라 미래에 대한 예측 등 수많은 변수를 고려해야 한다. 개인이 부여하는 가치나 의미, 직업과 관련된 전반적인 태도인 직업가치는 직업 선택 시 중요한 변수로 작용한다. 따라서 직업가치는 '내가 왜 그 일을 하고 싶은가?'라는 질문에 대한 답이 된다.

또한 개인이 직업을 선택할 때 미치는 자신만의 믿음과 신념을 직업가치관이라고 표현할 수 있다. 직업가치관은 직업선택에서뿐만 아니라 직업생활 중에서도 중도 포기를 막는 주요한 동기 요인으로 작용한다. 자신의 직업가치관에 맞는 일을 하는 경우 직업만족도가 높고, 이직률이 낮다는 보고가 있다. 따라서 자신의 직업가치관을 명확하게 이해하는 것은 직업선택 시 도움을 줄 뿐만 아니라, 직업적응을 예견하는 중요한 지표가 된다.

같은 일을 하는데도 어떤 사람은 보람을 크게 느끼며 의미를 찾는 반면, 어떤 사람은 무의미하게 작업을 수행한다. 왜냐하면 사람마다 중요하게 생각하는 가치는 상이하며, 이에 대한 가치관 또한 서로 다르기 때문이다. 따라서 어떤 일에 만족을 하느냐 그렇지 않느냐는 개인이 갖고 있는 가치관이 어떠한가와 밀접한 관련이 있다. 제5장에서 살펴본 바와 같이 직업은 경제적 의미, 사회적 의미, 자아실현의 의미를 갖는다. 이러한 직업의 의미는 개인의 가치관가 맞닿아 있다.

그럼에도 불구하고 오늘날 대다수의 취업준비생이 공무원 시험 준비 중이라고 한다. 공무원 시험 준비를 하는 이유에 대해 '안정된 삶을 위해서'라고 응답한 것이 대부분이다. 과연 공무원이 개인의 안정된 삶을 위한 직업일까? 공무원이라는 직업의 가치는 어디에 있는 것일까? 이와 같은 사례는 직업가치에 대해 점검할 필요성을 시사해 준다. 직업가치는 직업을 바라보는 기준을 보여 주는데, 직업에 대한 관점, 희망 직업에 대한 가치 부여, 직업선택에 있어서 바람직한가의 여부를 판단하는 행동 기준 및 개념 규정, 직업선택과 직장생활에서의 동기, 직장에 대한 만족을 결정하는 보상 수단의 중요도 판단 등으로 정의될 수 있다.

직업가치는 일반적으로 직업과 관련된 가치를 내부에 두고 있는지, 외부에 두고 있는지에 따라 내재적 가치와 외재적 가치로 구분된다. 내재적 직업가치는 일 자체가 갖는 흥미 또는 사회 기여 등 개인 내적인 이유에 따른 만족감을 추구하는 목적으로서의 가치이다. 반면 외재적 직업가치는 지위, 보수, 권력 등 외부적으로 보이는 직업조건과 같은 수단적 가치이다. 우리는 흔히 내재적 가치는 좋고, 외재적 가치는 그렇지 않다고 오해한다. 따라서 직업가치에서는 내재적 가치이든 외재적 가치이든 '좋다' '나쁘다'라는 이분법으로 생각하는 것을 지양해야 한다.

진로선택과 의사결정에 있어서 자기이해가 중요함은 이견이 없다. 자신의 직업가치관을 명확히 이해하는 것 또한 자기이해를 위한 중요한 요인이라고 할 수 있다. 자신의 직업가치관 역시 심리검사를 통해 알 수 있다. 다음은 워크넷에서 설명하고 있는 직업가치관의 하위요소이다.

〈표 11-1〉 직업가치관의 하위요인

직업 가치	직업가치관	직업가치관 설명	적합한 직업
내/외	성취	스스로 달성하기 어려운 목표를 세우고 이를 달성하여 성취감을 맛보는 것을 중시하는 가치	대학교수, 연구원, 프로운동선수, 연구가, 관리자 등
내	봉사	자신의 이익보다는 사회의 이익을 고려하며, 어려운 사람을 돕고, 남을 위해 봉사하는 것을 중시하는 가치	판사, 소방관, 성직자, 경찰관, 사회복지사 등
내	개별활동	여러 사람과 어울려 일하기보다는 자신만의 시간과 공간을 가지고 혼자 일하는 것을 중시하는 가치	디자이너, 화가, 연주가, 운전사, 교수 등
내	직업안정	해고나 조기퇴직의 걱정 없이 오랫동안 안정적으로 일하며 안정적인 수입을 중시하는 가치	연주가, 미용사, 교사, 약사, 변호사, 기술자 등
내	변화지향	일이 반복적이거나 정형화되어 있지 않으며 다양하고 새로운 것을 경험할 수 있는지를 중시하는 가치	연구원, 컨설턴트, 소프트웨어 개발자, 광고 및 홍보전문가, 메이크업 아티스트 등

직업 가치	직업가치관	직업가치관 설명	적합한 직업
내	몸과 마음의 여유	건강을 유지할 수 있으며 스트레스를 적게 받고 마음과 몸의 여유를 가질 수 있는 업무나 직업을 중시하는 가치	대학교수, 화가, 교사, 조경기술자 등
외	영향력 발휘	타인에게 영향력을 행사하고 일을 자신의 뜻대로 진행할 수 있는지를 중시하는 가치	감독, 코치, 관리자, 성직자, 변호사 등
내/외	지식추구	일에서 새로운 지식과 기술을 얻을 수 있고 새로운 지식을 발견할 수 있는지를 중시하는 가치	판사, 연구원, 경영컨설턴트, 소프트웨어 개발자, 디자이너 등
외	애국	국가의 장래나 발전을 위하여 기여하는 것을 중시하는 가치	군인, 경찰관, 검사, 소방관, 사회단체활동가 등
내	자율성	다른 사람들에게 지시나 통제를 받지 않고 자율적으로 업무를 해 나가는 것을 중시하는 가치	연구원, 자동차 영업원, 레크리에이션 진행자, 광고전문가, 예술가 등
외	금전적 보상	생활하는 데 경제적인 어려움이 없고 돈을 많이 벌 수 있는지를 중시하는 가치	프로운동선수, 증권 및 투자중개인, 공인회계사, 금융자산운용가, 기업고위임원 등
외	인정	자신의 일이 다른 사람들로부터 인정받고 존경받을 수 있는지를 중시하는 가치	판사, 교수, 운동선수, 연주가 등
내/외	실내활동	주로 사무실에서 일할 수 있으며 신체활동을 적게 요구하는 업무나 직업을 중시하는 가치	번역사, 관리자, 상담원, 연구원, 법무사 등

읽기자료

"꿈이 없어요." 하고 싶은 게 없는 2030

"꿈이요? 그런 거 없어요. 그냥 하루하루 살아갑니다."

20대 취업준비생(취준생) A 씨는 하고 싶은 직업이 없다며 이 같이 말했다. A 씨는 "대학교에 다니면서도 딱히 꿈꾸는 직업이 없었다."라며 "돈을 벌 수만 있다면 어떤 일이든 상관없는 것 같다. 다만 안정성은 있어야 한다고 보기 때문에 공무원 준비를 하고 있다."라고 밝혔다. 이어 그는 "'왜 공무원 준비를 하냐?'라는 질문에 대답 못 하는 경우가 많아 난감하긴 하다."라며 "이럴 경우 '안정적이다.' '부모님이 원하신다.' 등의 대답을 하는 것 같다."라고 말했다. 또 다른 취준생 B(26) 씨는 "주변 친구들이 공무원 준비를 많이 한다. 취업난이 계속되다 보니 하고 싶은 것이 있어도 포기하게 되는 것 같다."라며 "내 경우에도 교사의 꿈을 접고 기업을 준비하고 있다. 이런 현실이 너무 안타깝다."라고 전했다.

······(중략)······

지난 2014년 한국의 대학 진학률은 70.9%로 경제개발협력기구(OECD) 국가 중 최상위에 속했다. 반면 대학생 2명 중 1명은 취업 희망 직종을 아직 결정하지 못한 것으로 나타났다. 잡코리아와 알바몬이 지난 8월 4년제 대학생 1,831명을 대상으로 '진로결정 시점'에 대한 설문 조사한 결과, 전체 응답자 중 48.6%가 '아직도 어떤 일을 할지 진로를 결정하지 못했다.'고 응답했다. 또 다른 조사에 의하면, 대학에서 전공 선택 시 장래 희망직업을 고려하지 않는 대학생이 많은 것으로 나타났다. 취업포털 커리어의 조사 결과 대학생 56.2%가 '대학 진학 시 전공 선택에서 장래 희망직업을 고려하지 않는다.'라고 응답했다. 그 이유로는 '점수에 맞는 학과(학교)를 선택했기 때문'이라는 응답이 52.2%로 가장 높았다.

대학생 C(27) 씨는 "지금 대학교 4학년인데 심적으로 힘들다. 졸업 후 무엇을 해야 할지 몰라 걱정이다"라며 "졸업은 다가오고 취업은 해야 해서 다양한 취업프로그램에 참여하고 있다."라고 전했다. 그는 "점수에 맞춰 대학에 가고, 대학에 다니면서도 적성에 맞는 일을 찾지 않았던 것이 문제였던 것 같다."라고 털어놨다.

······(중략)······

전문가는 수동적인 삶을 살아온 2030세대는 자신에 대한 성찰 과정이 부족하다는 개인적 요인과 함께 사회적 요인으로 인해 무기력감에 빠진다고 지적했다. 곽금주 서울대학교 심리학과 교수는 "보통 중·고등학생 시기에는 학업 위주의 삶을 산다. 대부분 대학에 가서 비로소 자신의 미래를 고민하게 된다. 하지만 이 과정에서 청년들은 자신이 무엇을 좋아하는지, 어떤 일을 하고 싶은지에 대한 성찰이 부족하다."라며 "무엇을 하고 싶고, 해야 하는지에 대한 확신이 없는 개인적 요인과 함께 최근 취업난, 경기 어려움 등 사회적 요인이 더해져 청년들의 무기력감이 커지는 것이다."라고 설명했다. 그러면서 "거듭된 실패와 좌절을 겪은 청년들은 무기력감을 학습하게 된다. 이 같은 무기력감이 지속되면 우울증까지 오는 등 심리적 문제를 겪게 되는 것이다."라며 "우리나라가 짧은 시간 안에 급성장했기 때문에 이제 문제점들이 나타나는 시기다. 회사들도 채용을 줄이는 등 이런 상황과 맞물려 청년들이 좌절감으로 인해 포기하는 상태에 이르게 됐다."라고 분석했다.

출처: 아시아경제(2019. 12. 21.).

직업가치관 검사 결과

※ 다음의 경로를 참고해서 워크넷(www.work.go.kr)에서 직업가치관검사를 실시한 후 검사 결과를 확인하고 다음의 질문에 답하세요.

〈참고〉 워크넷(www.work.go.kr) ⇨ 로그인 ⇨ 직업 · 진로 ⇨ 직업심리검사 ⇨ 성인용심리검사실시 ⇨ 직업가치관검사 실시 ⇨ 직업가치관검사 결과표 출력하기

1. 검사 결과를 높게 나온 가치부터 순서대로 작성해 주세요.

1위	2위	3위	4위	5위	6위	7위

8위	9위	10위	11위	12위	13위

2. 중요하게 생각하는 가치와 상대적으로 중요하게 생각하지 않는 가치를 작성해 주세요.

내가 중요하게 생각하는 가치	
상대적으로 중요하게 생각하지 않는 가치	

3. 나의 가치점수와 추천직업 및 희망직업 간의 점수를 비교해 보세요.

우선추천 직업		
희망직업		

4. 활동 후 소감을 작성해 주세요.

[활동지 11-2]

나의 직업가치관은?

1. 자신이 선호하는 직업 5개를 작성하고 각 직업이 충족시킬 것이라고 생각되는 가치관을 서로 연결해 봅시다(하나의 직업에 여러 개의 가치관이 연결되어도 괜찮습니다).

선호직업	직업가치관
	성취
	봉사
	개별활동
	직업안정
	변화지향
	몸과 마음의 여유
	영향력 발휘
	지식추구
	애국
	자율성
	금전적 보상
	인정
	실내활동

2. 선호직업과 가장 많이 연결된 직업가치관은 무엇이며 어떤 직업과도 연결되지 않은 직업가치관은 무엇인
   지 작성하고 그 이유를 생각해 봅시다.

가장 많이 연결된 직업가치관	이유
연결되지 않은 직업가치관	이유

* 출처: 임경희 외(2020). 직업기초능력 향상을 위한 자기개발과 진로설계(2판). 서울: 학지사.

3. 활동을 하고 난 소감을 작성해 주세요.

비전을 실현할 직업 선택하기

앞에서 살펴본 바와 같이 비전은 내다보이는 장래의 상황으로 인생의 최종 목표 또는 방향을 말한다. 비전은 직업을 통해 실현되며, 나의 비전을 실현해 줄 직업은 다양하다. 무수히 많은 직업 중 나의 비전을 실현해 줄 직업은 무엇일까?

우리나라는 헌법에서 개인에게 직업선택의 자유를 보장하고 있다. 이렇게 직업선택의 자유가 보장된 사회에서는 직업을 선택할 때는 개인의 자아실현을 통해 행복한 삶을 영위할 수 있을 뿐만 아니라 사회적 기여를 할 수 있도록 가장 적합한 직업을 선택하는 것이 중요하다. 나에게 가장 적합한 직업을 선택하는 것이 마냥 쉬운 일만은 아니다. 왜냐하면, 직업세계를 경험해 보지 않고 나에게 적합한 직업인지 판단하는 것이 곤란하기 때문이다. 또한 경험해 보지 않고 나에게 적합하다고 판단을 했다고 하더라도, 개인의 환경 및 조건, 또는 직업의 수요공급 측면의 불균형과 같은 사회 경제적 상황이나 국가 경제 정책적 조건 등 다양한 외부적 조건을 고려한다는 것이 쉽지 않기 때문이다.

그럼에도 우리는 직업을 선택할 때 개인의 특성을 기반으로 한 적성과 흥미를 가장 먼저 고려해야 한다. 앞서 살펴본 바와 같이 적성과 흥미는 별개의 개념이지만, 상당히 연관이 높다. 이미 지난 장들을 통해 개인의 적성과 흥미를 충분히 탐색하였기 때문에 현재 시점에서 개인의 적성과 흥미를 알아차리는 것은 그다지 어려운 일이 아닐 것이다. 그러나 직업은 겉에서 보는 모습과 실제 직무 사이에 차이가 있다는 것을 간과해서는 안 된다. 평생직장의 개념이 사라진지 오래 되었다고 하더라도 한 번 선택한 직업을 이동하려면 많은 대가를 치러야 한다. 따라서 직업을 선택하기 전 그 직업에 대해 가능한 많은 정보를 확인하여 후회를 줄일 수 있는 선택을 해야 한다. 나아가 선택한 직업에서 성장할 수 있는 동력을 확보할 필요가 있다.

그렇다면 우리는 직업을 선택할 때 어떤 것을 고려하여야 할까? 직업선택의 기준은 다음과 같다.

첫째, 직업을 선택할 때 자신의 적성을 고려해야 한다. 적성과 소질에 맞는 일을 할 때 우리는 일에 대한 즐거움을 느낄 뿐만 아니라, 일에 몰입하게 되어 많은 성과를 창출할 수 있기 때문이다.

둘째, 직업을 선택할 때 직업과 그 직업을 실현시켜 줄 직장의 장래성을 고려해야 한다. 일은 우리 인생에 아주 큰 부분을 차지하고 있을 뿐만 아니라, 우리는 직업을 통해 경제적 필요를 채우고, 자아실현을 하게 된다. 이러한 관점에서 직업의 장래성은 중요한 고려요인이라고 할 수 있으며, 직업의 장래성이 밝을 때 개인이 행복해질 가능성이 높기 때문이다.

셋째, 직업을 선택할 때 그 직업이 갖고 있는 안정성을 고려해야 한다. 안정성 부분은 개인의 특성에 따라 중요하게 생각되기도 하고, 그렇지 않을 수도 있다. 직업을 통해 우리가 살아가는 경제적 자원을 구한다는 관점에서 우리는 직업에 대한 사회적 · 기술적 · 인간적 도전을 덜 받는 안정된 직업을 선택하고자 하기 때문이다.

넷째, 직업을 선택할 때 소득을 고려해야 한다. 우리는 직업을 통해 생계를 유지하고 재산을 축적할 수 있다. 따라서 개인이 직업을 선택할 때 경제적 소득을 고려하여 같은 조건이라면 더 많은 급여를 주겠다고 하는 직장을 선택하려고 한다. 그러나 직업은 경제적 이익만을 제공하는 것이 아니고 보람, 만족감, 효능감 등 다른 부분을 우리에게 제공하기 때문에 경제적 소득만을 고려해서 직업을 선택하는 것은 바람직하지 않다.

다섯째, 직업을 선택할 때 자아실현의 가능성을 고려해야 한다. 직업적 자아실현이란 직업을 통해 인생의 목표를 실현하고 보람, 성취감, 만족감 등을 얻으며 창조적인 삶을 살아가는 것을 의미한다. 즉, 직업을 통해 자신의 가치를 성장시키고 그 과정을 확인하며, 행복한 삶을 추구할 수 있다.

여섯째, 직업을 선택할 때 직업적 환경을 고려해야 한다. 직업을 선택할 때 반드시 고려해야 하는 요건 중 하나가 그 직업의 직무가 어떤 환경 속에서 이루어지는가이다. 단순하게 지리적 위치, 교통 여건을 고려하는 것에서부터, 직업과 관련된 질병 발생 유무, 직무수행 시 요구되는 정신적 · 신체적 노동 강도, 직무의 난이도, 복지제도, 인사관리제도, 근무시간, 노후 보장성 등 직업과 관련된 전반적인 환경을 고려해야 자신에게 맞는 직업을 선택할 수 있다.

[활동지 11-3]

직업선택을 위한 선호점수 부여하기

1. 자신이 직업을 선택할 때 고려하는 항목의 우선순위를 정해 봅시다.

① 6~10번은 1~5번 외 자신이 직업을 선택할 때 고려할 사항을 자유롭게 작성하시면 됩니다.
② 각 항목별 중요하다고 생각하는 정도에 체크해 주세요.
③ 각 항목별 점수에 체크해 주세요.
④ 중요도 높은 점수로 우선순위를 정하세요.

직업선택 시 평가 항목	중요도 보통 ———————➤ 매우중요					우선순위
1. 10년 후에도 유망할까?	1	2	3	4	5	
2. 안정적일까?	1	2	3	4	5	
3. 임금수준과 근로조건이 좋은가?	1	2	3	4	5	
4. 즐겁게 일할 수 있을까?	1	2	3	4	5	
5. 나를 전문가로 성장시켜 줄까?	1	2	3	4	5	
6.	1	2	3	4	5	
7.	1	2	3	4	5	
8.	1	2	3	4	5	
9.	1	2	3	4	5	
10.	1	2	3	4	5	

2. 앞의 활동에서 직업선택 시 중요하게 생각하는 상위 6개를 선택해서 희망 직업에 선호점수를 부여해 봅시다.

① 희망직업란에 자신이 희망하고 있는 직업을 기입해 주세요.
② 1번 문항에서 정해진 우선순위 6개 항목을 작성해 주세요.
③ 배점은 합계가 100점이 되게 각 항목별로 5~20점까지 배점을 부여하세요.
④ 희망 직업별로 항목별 배점을 부여해 주세요.

	직업선택 시 평가항목	배점	희망직업				
1							
2							
3							
4							
5							
6							
합계		0	0	0	0	0	0

[활동지 11-4]

최종 직업선택하기

※ 다음의 물음에 답하세요.

1. 과거 내가 희망했던 직업	
2. 직업 심리검사 결과 추천되는 직업	
3. 부모님이 바라시는 직업	
4. 주변에서 추천하는 직업	
5. 현재 내가 희망하는 직업	
6. 1~5 중에서 나에게 가장 적합하다고 판단되는 직업	

※ 활동을 하고 난 후 소감을 작성해 주세요.

12 비전과 삶

1. 나의 핵심가치
2. 비전이 이끄는 삶
3. 비전선언문 작성

학습 목표

- 내 삶의 핵심가치를 발견하고, 이를 바탕으로 나의 사명을 말할 수 있다.
- 비전을 가진 사람들의 사례를 통해 비전이 이끄는 삶이 진로에서 중요한 이유를 설명할 수 있다.
- 진로의 길에서 나의 비전을 발견하고 이를 삶 속에 적용하기 위한 비전선언문을 작성할 수 있다.

12 비전과 삶

1 나의 핵심가치

현재 자신의 얼굴은 과거 내가 만들어 낸 결과물이라는 말이 있다. 지금 여러분의 얼굴을 거울에 비춰 보라. 과연 삶이 행복해 보이는가? 어떤 사람은 자신에게 주어진 일을 하는 데 있어 괴로워하면서 그 일을 하고, 또 어떤 사람은 무미건조하게 그 일을 수행하며, 또 어떤 사람은 행복에 겨워 일을 한다. 같은 일을 하는데 무엇 때문에 이들이 일을 하는 태도가 서로 다르게 나타날까? 누군가 괴로워하는 일을 누군가는 행복하고 즐겁게 할 수 있을까? 어떤 일을 하는 데 있어 그 일을 왜 해야 하는지를 분명히 한다면 훨씬 즐겁고 효과적으로 일을 할 수 있게 되고, 성과도 배가 될 것이다. 즉, 그 일을 왜 하는지에 대해 답을 하는 것이 바로 비전을 아는 것이라고 할 수 있다.

지난 제12장에서 살펴본 바와 같이 비전이란 장래를 내다보는 청사진으로 미래의 나의 모습에 대한 답이다. 즉, 비전은 평생을 살면서 이루고 싶은 가치의 핵심으로 삶의 이정표와 같은 역할을 한다. 우리가 행복한 삶을 살기를 희망한다면 비전을 설정하는 것이 반드시 필요하다. 비전이 없으면 내가 어디로 나아가야 좋을지에 대한 방향이 없기 때문에 삶에 활기가 없고, 의욕이 없다. 따라서 내 삶에서 가장 중요하다고 생각하는 가치를 명확히 하고, 그 가치를 실현하기 위해 삶을 영위하는 것이 행복한 삶을 살아가는 것이라고 할 수 있다.

이러한 맥락에서 우리는 자신의 핵심가치를 아는 것이 중요하다. 핵심가치란 인생을 살면서 가장 중요하게 생각하는 가치를 말한다. 이는 개인이 살아가는 삶의 동기이며 기준이 된다. 핵심가치가 무엇이냐는 질문에 명쾌한 답을 내리지는 못해도 우리 모두에게는 분명한 핵심가치가 존재한다. 핵심가치는 선택할 때 판단의 기준이 되며, 우리도 모르는 사이에 자신이 핵심가치로 삼는 대로 살아가기 때문이다. 따라서 진로의 과정에서 핵심가치를 발견하는 것은 무엇보다 중요하다.

[활동지 12-1]

핵심가치 발견하기 I

※ 인생에서 중요하게 생각하는 것으로 빈칸을 채우세요.

※ 앞에서 작성한 내용 중 하나씩 버려야 한다면 무엇부터 버릴 것인지 생각해 보고 순서대로 하나씩 버려 봅시다.

1	2	3	4	5
6	7	8	9	10
11	12	13	14	15
16	17	18	19	20

※ 가장 마지막 남은 내용이 무엇이고 그것을 마지막까지 남긴 이유를 적어 봅시다.

가장 마지막까지 남은 것	그 이유

[활동지 12-2]

핵심가치 발견하기 Ⅱ

질문	답변	관련 가치 단어
1 내가 좋아하는 사람과 그 이유 3가지	1. 2. 3.	
2 내가 사람들에게 주고 싶어 하는 의미 있는 행동이나 가치관 3가지	1. 2. 3.	
3 나를 인정해 주는 말 3가지	1. 2. 3.	
4 닮고 싶은 사람의 공통점 3가지	1. 2. 3.	
5 내 묘비에 쓰였으면 하는 글귀나 단어		
6 타인이 기억해 주기 원하는 내 모습		
7 어린 시절 행복했던 사건과 그 이유 3가지	1. 2. 3.	
8 어린 시절 슬펐던 사건과 그 이유 3가지	1. 2. 3.	

※ 앞의 질문에 답하면서 발견하게 된 핵심가치 3가지와 활동 후 소감을 작성해 주세요.

질문	답변
앞의 질문에서 발견하게 된 핵심가치 3가지	1. 2. 3.
활동 후 소감	

2 비전이 이끄는 삶

우리가 직업을 갖는 이유는 개인의 풍요로운 삶을 위해서이기도 하면서, 사회발전에 기여하기 위함도 있다. 당신이 어떤 직업을 갖고 싶다고 정했다면 그 이유가 무엇인가? 누군가의 희망직업을 공무원이라고 가정해 보자. 공무원이 되고 싶은 이유가 나의 안정적인 삶을 위해서라면 직업은 수단이 된다. 반면, 공무원이 되고 싶은 이유가 국민의 안녕을 위해 기여하고 싶어서라고 답한다면 그의 직업은 목적이 된다. 수단 가치를 위해 일을 하면 직업은 생업(job)이 되지만, 목적 가치를 위해 일을 하면 그 직업은 천직(vocation) 또는 사명(mission)이 된다. 당신은 당신이 희망하는 직업이 생업이 되기 원하는가, 천직 또는 사명이 되기를 원하는가?

〈표 12-1〉 비전을 가진 삶의 사례

대상	직업	비전	내·외부 환경	성공 핵심 요인
빌게이츠	CEO	컴퓨터로 세계를 지배하겠다.	• 하버드대학 중퇴 • 마이크로소프트 공동설립	• 포기할 줄 모르는 끈기 • 창의적 꿈과 비전 • 기업의 복지 의지
스티브 잡스	CEO	세상을 바꿀 수 있다고 생각한 만큼 미친 사람이 되어 세상을 바꾸는 사람이 되자.	• 미혼모의 아들 • 부모에게 버림받고 입양됨 • 췌장암으로 투병 중 56세 사망	• 실패를 두려워하지 않는 도전정신 • 포기하지 않는 집요함 • 끝까지 관철시키는 협상정신 • 독서와 호기심 • 고난에도 흔들림 없는 집중력
유재석	방송인	나를 낮추는 리더십을 발휘하자.	• 제1회 대학 개그제 데뷔 • 국민 MC • 2005년부터 12년간 매년 수상	• 남을 무너뜨리지 않는 겸손함 • 수용적 태도 • 배려심 • 가식과 거만함이 없음 • 부드러운 리더
반기문	UN 사무총장	바보처럼 공부하고 천재처럼 꿈꿔라.	• 유복한 어린시절 • 경제적 어려움 • 부모님 지지	• 끈기 있는 노력과 열정 • 모든 일에 최선을 다함 • 독서를 즐김

대상	직업	비전	내·외부 환경	성공 핵심 요인
이청용	축구선수	몸으로만 싸우는 축구보다 생각하는 축구를 하자. 축구만이 행복해질 수 있다.	• 중학교 중퇴 • 2004년 FC 서울에 입단 • 2006년 K리그 데뷔 • 2009년 주목할 만한 유망주로 『더타임즈』에 선정	• 적극적인 공격축구 • 철저한 훈련분석과 피드백 • 생각과 센스 있는 축구 • 배짱과 자신감

* 출처: 김인기(2019). 진로탐색과 미래설계. 경기: 양서원.

앞서 나의 핵심가치를 발견하였다면, 이 핵심가치를 실현시켜 줄 비전을 설정하는 것이 중요하다. 비전은 목적을 달성하는 과정에서 지침서 역할을 하는 동시에 우리 자신의 정체성과도 연관이 깊다. 비전이 어떠한가에 따라 내가 하고 있는 일에 의미가 달라지며, 내가 그 일을 해야 하는 이유가 달라지기 때문이다.

그렇다면 비전은 어떻게 수립해야 할까?

첫째, 비전을 세우기 전 나의 꿈을 먼저 구체화해야 한다. 꿈이 무엇인가에 대한 질문을 많이 받아봤을 것이다. 꿈을 구체화하는 방법으로 5년 후, 10년 후, 20년 후 자신의 모습을 상상해 보고 이미지로 시각화시켜 반드시 실현시키겠다는 강력한 동기를 만들어 보는 것이다. 비전은 꿈에서 출발한다. 따라서 꿈이 구체화되면, 그 꿈을 생각만 해도 가슴이 벅차게 되고, 그 꿈을 실현하기 위한 이정표를 스스로 만들 수 있게 될 것이다.

둘째, 비전은 크게 세워야 한다. '할 수 있다.'고 생각하면 '무엇이든 해낼 수 있다.'는 생각은 어느 정도 일리가 있는 말이다. 앞서 살펴본 일본의 관상용 물고기 코이에 대한 이야기에서도 알 수 있듯이 한계가 어디까지냐에 따라 클 수 있는 가능성이 달라진다. 영국의 정신병리학자 하드필드의 악력계 실험을 통한 자기암시효과에 대해 한번쯤 들어 보았을 것이다. 보통 상태에서 악력은 평균악력이 101파운드였는데, 당신은 매우 약하다는 암시를 주어 측정한 그룹의 평균악력은 29파운드, 당신은 매우 강하다는 암시를 준 후 측정한 그룹의 평균악력은 142파운드로 측정되었다. 이 실험을 통해 정신적 태도가 능력에 영향을 미친다는 것을 확인할 수 있었다. 따라서 자신의 한계를 스스로 정하지 말고, 나는 할 수 있다는 자기암시를 바탕으로 비전을 크게 세우는 것이야 말로 내가 원하는 삶을 살아가는 데 한 걸음 더 가까이 안내해 줄 것이다.

셋째, 비전은 생생하게 그릴 수 있을 정도로 구체적으로 수립해야 한다. '나는 부자가 될 것이다.' 보다는 '나는 ○○○원의 자산을 가진 부자가 될 것이다.' '나는 성공할 것이다.' 보다는 '나는 ○○○분야에서 1인자가 될 것이다.' 와 같이 본인이 도달하고자 하는 최종 모습을 구체화하는 것이다.

넷째, 비전을 반드시 기록하라. 폴 메이어 교수가 예일 대학교 졸업생을 대상으로 한 조사를 통해 비전을 구체적으로 수립하고 그것을 글로 적어 놓은 경우 그렇게 성공할 가능성이 높은 것으로 밝혀졌다. 그의 실험과 비슷한 결과를 하버드 경영대학원 졸업생을 대상으로 한 조사와 일치된 결과를 보여 주고 있다. 우리가 비전을 수립하고 그것을 글로 적어 놓고 매일 볼 수 있는 곳에 붙여 두어 눈으로 확인하며 자신의 비전을 구체화하는 것이 그 비전을 달성할 수 있는 가능성이 높일 수 있는 방법이 될 것이다.

다섯째, 비전을 경험해야 한다. 비전이 말 그대로 선언에 그쳐 내 삶과 상관이 없다면 그것은 비전이라고 할 수 없다. 내가 수립한 비전을 실제 이루고 있는 사람이 있다면 그 사람을 직·간접적으로 만나 볼 수도 있고, 그곳을 방문할 수도 있고, 현재 그것을 경험하는 것처럼 행동하는 것도 필요하다. 이렇게 생활 속에서 작은 실천이 쌓이다 보면 크다고 생각했던 나의 비전은 어느 순간 내 앞에서 나를 기다리고 있을 것이다.

여섯째, 비전은 다른 사람의 마음을 움직일 수 있어야 한다. 비전이란 것은 단순이 개인이 잘 먹고 잘 살겠다는 수단적 가치가 아니다. 비전은 목적적 가치로 내가 하는 일을 통해 어떤 목적을 달성하겠다는 의미이다. 따라서 이 의미에 많은 사람들의 공감을 불러일으켜 내가 그 삶을 살아가는 데 함께 동의하고 지지하는 세력을 확보할 필요가 있다.

일곱째, 비전은 실행에 옮기는 능력을 갖추어야 한다. "꿈을 날짜와 함께 적어 놓으면 목표가 되고, 목표를 잘게 나누면 계획이 되며, 계획을 실행하면 꿈이 실현되는 것이다." 라는 말이 있듯이 실행이 없으면 꿈은 허공에 머물러 있을 뿐이다. 앞서 꿈을 구체화하는 것이 비전수립 앞 단계라고 했는데, 실현하지 못하는 꿈은 비전에 다다르지 못한다.

정리하면 비전 설정을 위해서는 조바심 날 정도로 간절함을 가지고, 원대하지만 실현 가능해야 한다. 또한 이루고자 하는 것이 무엇인지 구체적으로 알 수 있어야 하고 간단명료하게 기억하기 쉬워야 한다. 나의 미래를 지금 확인하면서 상상력의 힘을 활용하여 행동해서 원했던 기간에 달성하도록 해야 한다는 것이다.

[활동지 12-3]

비전(Vision) 카드 만들기

(기본 형식)

꿈(Dream)	나 ○○○에게는 꿈이 있습니다.
미션(Mission): 수단가치	그것은 (어떠한) (직업인)이/가 되어
비전(Vision): 목적가치	(어떤 목적을 이루는) 일을 하는 것입니다.

(예시)

꿈(Dream)	나 ○○○에게는 꿈이 있습니다.
미션(Mission): 수단가치	그것은 생명을 살리는 상담사가 되어
비전(Vision): 목적가치	사람들이 겪는 고통의 크기를 줄여 주고 삶의 의지를 북돋우는 일을 하는 것입니다.

(과제)

꿈(Dream)	
미션(Mission): 수단가치	
비전(Vision): 목적가치	

3 비전선언문 작성

비전은 불가능을 가능하게 하는 힘이다. 비전이 없는 사람은 꿈이 없고, 꿈이 없는 사람은 목표가 없고, 목표가 없는 사람은 무미건조하게 시간을 낭비하게 된다. 진로개발을 위해 비전을 수립하는 것은 중요하다. 비전은 생애 목표 또는 내가 원하는 내 삶의 모습이고, 진로계획은 나의 능력, 적성, 흥미 등에 대한 이해를 바탕으로 내가 꿈꾸는 목표를 달성하기 위해 만들어낸 나만의 효율적인 전략이라고 할 수 있다.

이번 장에서는 비전을 실현하기 위해 비전선언문을 작성해 보고자 한다. 비전선언문을 작성할 때에는 지금까지 탐색한 나의 모습과 나의 바람을 압축한 문장으로 작성해야 한다. 길이가 짧다는 것이 아니라 비전 내용을 충분히 포함하고 있되, 말하고 기억하기 좋은 간결한 문장이어야 한다는 것이다. 또한 비전선언문을 작성할 때 다음과 같은 내용을 생각해 보아야 한다. 첫째, 자신이 앞으로 살면서 하고 싶은 일은 무엇인가? 둘째, 그 일 중 몇 가지만 선택해야 한다면 무엇을 선택할 것인가? 셋째, 그 일을 다 이루었을 때 나의 모습은 어떠할까? 넷째, 자신의 롤모델을 정하고 그 롤모델로부터 무엇을 배울 것인가? 다섯째, 내가 가진 능력 중 나의 롤모델보다 더 나은 점은 무엇인가? 여섯째, 어떤 직업으로 그런 삶을 실현할 수 있을까? 일곱째, 경제적인 부에 신경을 쓰지 않는다면 일생동안 어떤 일을 하고 싶은가? 여덟째, 나의 삶이 몇 개월 남지 않았다면 무엇을 꼭 해보고 싶은가? 아홉째, 죽기 전 자신이 이루어 놓은 업적 중 가장 의미 있는 세 가지를 적는다면 어떤 것을 적고 싶은가? 이러한 질문에 답을 하면서 비전을 명확히 할 수 있다.

자신의 비전을 세우고 실천하는 것은 가슴 뛰는 일일 것이다. 이번 시간 비전 선언문 작성을 통해 자신의 꿈에 한 걸음 다가가는 시간을 가지고자 한다.

[활동지 12-4]

나의 진로 비전선언문

＿＿＿＿＿＿＿ 의 비전선언문

나의 비전은 ＿＿＿＿＿ 까지 ＿＿＿＿＿＿＿ 세상을
만드는 것이다.

이 비전을 완수하기 위해 나는,
첫째, ＿＿＿＿ 까지 ＿＿＿＿＿＿ 을/를 할 것이다.
둘째, ＿＿＿＿ 까지 ＿＿＿＿＿＿ 을/를 할 것이다.
셋째, ＿＿＿＿ 까지 ＿＿＿＿＿＿ 을/를 할 것이다.
넷째, ＿＿＿＿ 까지 ＿＿＿＿＿＿ 을/를 할 것이다.
다섯째, ＿＿＿＿ 년 나의 묘비명에 ＿＿＿＿＿＿ 라고
쓰여 있을 것이다.

　　　　　　　　　　　20＿＿ 년 ＿＿ 월 ＿＿ 일

비전을 이루기 위해 날마다 노력하는 ＿＿＿＿＿＿

13 취업의 세계로

1. 구직의 기술: 입사지원 서류작성
2. 구직의 기술: 면접 준비

학습 목표

○ 이력서 작성법을 이해하고, 이를 바탕으로 미래 이력서를 작성할 수 있다.

○ 자기소개서 작성요령에 따라 임팩트 있는 자기소개서를 작성할 수 있다.

○ 첫인상을 좋게 하는 이미지 메이킹을 바탕으로 면접 준비를 위한 태도를 갖춘다.

13 취업의 세계로

① 구직의 기술: 입사지원 서류작성

원하는 곳에 취업하기 위해서는 1학년부터 취업을 희망하는 분야를 정해서 목표를 세우고 그 목표를 달성하기 위해 실천하는 노력이 필요하다. 학생상담센터, 대학일자리센터, 취업지원센터와 같은 진로지원을 위한 기관뿐 아니라 진로관련 교과목 등을 통해 학교차원에서 적극적인 지원이 이루어지고 있지만, 학생 스스로도 취업전문사이트, 취업박람회 등을 통해 자신의 진로개발을 위한 노력을 해 나가야 한다.

구직활동을 위해서는 먼저 입사지원 서류를 작성하는 방법을 알아야 한다. 왜냐하면 구직자가 자신이 원하는 기업에 통과하기 위한 첫 관문이 서류심사이기 때문이다. 기업에서 공통적으로 요구하는 서류는 이력서, 자기소개서, 학력증명서, 경력증명서, 관련자격증, 성적증명서 등이 있다. 이 중 학력증명서, 성적증명서, 경력증명서, 관련자격증 등은 이미 수행한 결과물에 지나지 않지만, 이력서나 자기소개서는 어떻게 작성하느냐에 따라 구직자의 첫인상을 좌우하게 된다. 또한 입사지원 관련 서류는 지원자의 문서작성 능력을 엿보는 도구가 된다. 따라서 이번 장에서는 입사지원 서류의 기초가 되는 이력서와 자기소개서를 살펴보고자 한다.

1) 이력서 작성하기

이력서는 지원자를 일정한 기준으로 필터링해 주는 기능을 한다. 대부분의 기업은 기업의 이력서 양식을 제공하지만 특별한 이력서 양식이 없는 경우도 존재한다. 일반적으로 인사담당자가 이력서를 검토하는 시간은 8초 미만이라고 한다. 따라서 이력서 양식의 유무와 상관없이 이력서를 통해 자신을 드러내는 방법을 익히는 것은 매우 중요하다.

이력서는 인적사항, 학력사항, 자격사항, 경력사항, 상벌사항 등으로 구성되어 있다. 인적사항에는 이름, 주소, 생년월일, 가족관계 등을 작성한다. 인적사항 작성 시 자신의 사진을 붙이게 되어 있는데, 사진을 통해 나를 처음 보는 것이 되므로 사진은 밝은 인상을 주되 그 회사의 특성을 반영하는 콘셉트를 담은 사진을 규격에 맞게 붙이는 것이 중요하다. 학력사항은 일반적으로 고등학교부터 기재한다. 자격사항은 본인이 취득한 자격증을 모두 적는 것이 아니다. 취업하고자 하는 분야의 자격증을 먼저 기입한 후 운전면허증이나 어학자격증 등을 기재한다. 경력사항에는 인턴십 경험이나 지원하는 직무와 관련된 아르바이트 경험을 작성하면 된다. 마지막 특기 및 상벌사항은 지원하는 직무와 관련된 자신의 능력이나 특기를 보여 줄 수 있도록 수상경력이나 교육·연수 경험 등을 작성한다. 외에도 외국어 능력, 자원봉사 경력 등을 추가하여 이력서가 더욱 풍성해지도록 한다. 이력서에 있는 내용은 자기소개서를 통해 구체적으로 설명하면 이력서와 맞는 자기소개서가 될 수 있다.

이력서 각 항목을 기록한 후 제일 하단에 '위의 모든 기재사항은 사실과 다름이 없음을 확인합니다.'라고 쓰여진 곳에 작성일자와 서명하는 것까지 완성하였을 때 이력서 작성이 완료된다.

동일한 형식의 이력서에서 나의 이력서를 돋보이게 하는 방법이 없을까? 합격을 부르는 이력서 작성 방법은 다음과 같다.

첫째, 형식을 갖추어야 한다. 앞서 이야기한 것처럼 이력서는 지원자의 문서작성능력을 엿보는 수단이 된다. 손으로 작성하는 경우 가능한 깔끔하게 글씨를 써야 하며, 워드프로세스를 이용하더라도 폰트나 글자 크기 등을 동일하게 작성한다. 또한 이력서에 오탈자가 있다면 감점 요인이 될 수 있으므로 제출 전에 반드시 오탈자가 없는지 검토를 해야 한다.

둘째, 간결하되 구체적으로 작성해야 한다. 모든 항목에 자신의 능력이나 장점이 최대한 돋보이게 작성하여야 한다. 또한 학력이나 경력은 최근 순으로 작성해서 인사담당자가 알기 쉽게 해야 한다.

셋째, 직무분야와 관련된 내용을 과장 없이 솔직하게 기술해야 한다. 이력서를 풍성하게 쓰고 싶은 욕심에 직무분야와 관련 없는 내용을 길게 작성하는 것은 인사담당자에게 좋은 인상을 심어 주지 못한다. 또한 자신을 드러내고 싶은 욕심에 과장되게 작성하거나 다른 사람의 글을 모방해서 작성하는 것은 지원자의 신뢰도에 영향을 끼칠 뿐 아니라 입사 취소 사유가 되기도 한다.

넷째, 기업에서 제공하는 입사지원서 양식을 사용하는 경우 기업의 지시문에 따라 모든 항목을 빠뜨리지 않고 작성한다.

이력서를 작성했다면, 이제 두 번째 관문인 자기소개서 작성을 살펴보자.

2) 자기소개서 작성하기

이력서를 통해 알기 어려운 성장배경, 개인의 가치관, 성격, 지원동기 등을 구체적으로 확인하기 위해 기업에서는 자기소개서를 추가로 원한다. 자기소개서는 지원하는 기업에 자신을 표현하는 수단인 동시에 기업에서도 자기소개서를 통해 지원자의 특성을 파악하고 지원자의 문서작성 능력과 논리전개력을 파악하여 면접의 기초자료가 된다. 따라서 자기소개서는 지원자와 기업 모두에게 중요하다.

기업은 자기소개서의 내용을 통해 지원자가 기업에 적합한 인재인지를 살펴본다. 자기소개서는 지원하고자 하는 기업에 대한 정보를 충분히 알고 있는지, 사업 내용을 얼마나 이해하고 있으며, 자신이 그 기업에 얼마나 적합한 사람인지를 알리는 글이기 때문이다. 따라서 지원자는 자기소개서의 모든 항목에 대해서 지원하고자 하는 직무에 맞추어 간결하고 솔직하게 작성해야 한다.

자기소개서는 지원자의 성장배경, 성격의 장단점, 특기 및 경력사항, 지원동기 및 입사 후 포부 등을 통해 자신의 미래가치를 기업에 설득하는 수단이다. 성장과정은 가정환경, 부모님의 교육철학, 가훈, 인생관 등을 구체적 일화를 통해 소개하며 자신이 기업에 필요한 인재로 성장했음을 알려 준다. 단, 부모님의 직업과 같이 채용 과정에서 영향을 끼칠 수 있는 불필요한 정보나 본인의 학력사항은 이력서에 기재되어 있으므로 꼭 필요한 경우를 제외하고는 언급할 필요가 없다. 성격의 장단점 역시 자신을 솔직하게 표현하되, 나의 성격이 지원하고자 하는 기업에 어떤 영향을 끼칠 수 있을지를 연결 지어 설명해 주는 것이 필요하다. 이 경우에 지나치게 장점만을 나열하면 자칫 거만해 보일 수 있으므로 단점을 어떻게 극복했는지 중심으로 작성하는 편이 훨씬 좋다.

특기 및 경력사항은 지원 부분에 대한 능력을 갖추기 위한 노력, 관련 교육 및 경험을 중심으로 솔직하게 작성해야 한다. 기업에서는 지원자의 특기 및 경력사항을 검토하면서 지원자가 해당 직무에 대해 얼마나 적합한 인재인지를 판단하게 된다. 지원동기 및 입사 후 포부는 기업에서 가장 눈여겨보는 부분이다. 지원 직종 및 기업의 최근 동향을 중심으로 지원하게 된 직무에 관심을 가지게 된 계기 등을 작성한다. 지원 분야에서 도달하고 싶은 성취나 성취를 위한 계획을 구체적으로 기술함으로써 지원자가 해당 기업에 꼭 필요한 인재임을 각인시키는 것이 중요하다.

수없이 많은 자기소개서 중 나의 자기소개서가 눈에 띄게 할 수 있는 방법은 없을까? 기업에서 요구하는 질문과 형식이 다양해지고 있는 현실에서 차별성이 있는 자기소개서를 작성하는 방법을 알아보자.

첫째, 자신만의 자기소개서 양식을 만들어야 한다. 기업에서 제시된 양식 없이 자유양식으로 자기소개서를 작성해야 하는 경우에는 자신을 잘 드러낼 수 있는 주제를 중심으로 자기소개서를 작성하는 것이 좋다. 각 단락마다 소제목을 넣는 방법도 있고, 인터뷰 형식을 갖추는 방법도 있으며, 포트폴리오 형식의 자기소개서와 같이 자신만의 색깔이 드러날 수 있는 자기소개서를 만들어야 한다.

둘째, 자기소개서는 솔직하고 명료하게 작성해야 한다. 이력서와 마찬가지로 자기소개서는 솔직하고 명료하게 작성하는 것이 무엇보다 중요하다. 자신을 포장하기 위해 과장하거나 거짓된 내용을 작성하는 것은 오히려 지원자의 인상을 나쁘게 하는 요인으로 작용할 수 있다. 또한 대부분의 기업에서는 자기소개서의 분량을 제한하고 있다. 제한된 분량에서 자신을 잘 드러낼 수 있도록 자신의 강점을 중심으로 실제 경험을 사용하여 명료하게 작성하는 연습이 필요하다.

셋째, 자기소개서에서 특기와 장점을 솔직하게 자랑하고 단점은 개선 가능한 범위 내에서 작성해야 한다. 성공경험을 중심으로 작성하되 간혹 실패했던 사례도 제시하면서 이 실패를 어떻게 대처했는지를 기술하면 더욱더 능동적이고 진취적인 인상을 줄 수 있다.

넷째, 부정문이나 의문문, 채팅용어나 이모티콘 등은 사용하지 않도록 한다. 자기소개서는 글을 통해 자신의 첫인상을 보여 주는 서류이므로 부정어 사용이라든지, 예의 없는 어투 사용 등은 인사담당자에게 부정적 인상을 줄 수 있다. 또한 중언부언하지 말고, 하고자 하는 말을 문단의 처음에 제시함으로써 간결하면서도 예의 있는 인상을 보여 주어야 한다.

다섯째, 읽는 사람을 고려해서 깔끔하게 편집한다. 적절한 글씨체, 글씨 크기, 문단나누기, 문장부호, 띄어쓰기, 맞춤법, 오탈자 확인 등 최대한 정성을 기울인 서류를 제출해야 한다. 자기소개서를 통해 지원자의 업무 태도를 확인할 수 있는 도구이므로, 마무리를 깔끔하게 하는 것이 좋은 인상을 줄 수 있다.

[활동지 13-1]

이력서 준비하기

희망 직종	
희망 기업	

질문	인사담당자 입장에서 중요한 것	자신이 가진 것
직무에서 요구되는 성격 (강점)		
직무에서 기피되는 성격 (약점)		
직무에서 우대하는 자격증		
직무에서 우대하는 경력		

[활동지 13-2]

나의 이력서(내가 작성하고 싶은 이력서)

※ 자신이 대학 졸업반이 되었다고 가정하고, 본인이 채우고 싶은 모든 내용을 담아 이력서를 작성해 보세요.

이 력 서

	성 명	(한글)	지원회사명	
		(한문)	희망 직무	
	E-mail		희망 연봉	
	휴 대 폰		구 분	신입 / 경력
〈사진〉	주 소	(우편번호)		

	입학년월	졸업년월	학교명	전공	학점	졸업구분	소재지
학력	년 월	년 월	고등학교		/	(졸업/중퇴/졸업예정)	
	년 월	년 월	전문대학		/	(졸업/중퇴/졸업예정)	
	년 월	년 월	대학교		/	(졸업/중퇴/졸업예정)	

	입사년월	퇴사년월	근무기간	회 사 명	근무내용	퇴사사유
경력	년 월	년 월	년 개월			
	년 월	년 월	년 개월			

	취득일자	종류	발급기관			
자격사항	년 월 일			OA능력	워드(한글/MS워드)	상 중 하
	년 월 일				프레젠테이션(파워포인트)	상 중 하
	년 월 일				스프레드시트(액셀)	상 중 하
	년 월 일				인터넷활용	상 중 하

	언어	공인시험	점수(급)	취득일	발행처	회화능력
외국어능력				년 월 일		상 중 하
				년 월 일		상 중 하
				년 월 일		상 중 하
				년 월 일		상 중 하

	입사년월	퇴사년월	근무기간	회 사 명	직위	담당업무	퇴사사유
경력	년 월	년 월	년 개월				
	년 월	년 월	년 개월				
	년 월	년 월	년 개월				

	단체명	활동기간	담당역할	활동내용
교내외활동				

	프로젝트명	참여기간	발주처	담당역할	활동내용
프로젝트참여					

	국가	체류기간	활동내용
해외연수			

기타사항	

위의 모든 기재사항은 사실과 다름이 없음을 확인합니다.

년　　월　　일

지원자　　　　　(인)

자 기 소 개 서

성장 과정 및 성격 장단점	
자신을 드러낼 수 있는 경험	
지원 동기 및 입사 후 포부	

구직의 기술: 면접 준비

　우리는 일반적으로 사람을 처음 만나서 5초 내외의 시간이 지나면 그 사람에 대해 평가와 판단을 내리게 된다고 한다. 첫인상이라고도 말할 수 있는 첫 5초 동안 각인되는 인상은 어떤 집단에 처음 적응하는 데 중요한 역할을 하게 된다. 특히, 면접은 기업과 구직자가 처음 얼굴을 대하는 자리이며, 주어진 시간도 제한되어 있기 때문에 짧은 시간에 좋은 인상을 심어 주기 위한 전략과 노력이 필요하다.

1) 이미지 메이킹

　이미지의 사전적 의미는 어떤 사람이나 사물로부터 받는 느낌으로 나에 대한 이미지란 타인이 나를 떠올렸을 때 받는 느낌이라고 할 수 있다. 이미지는 표정, 말투, 걸음걸이, 성격 등으로 이루어져 있고 이러한 각각의 요소들이 하나로 종합되어서 상대방에게 주는 인상을 말할 수 있다.

　이미지 메이킹이란 개인이 추구하는 목표를 이루기 위해 상대방에게 호감을 줄 수 있도록 자신의 이미지를 통합적으로 관리하는 행위로 일종의 자기관리라고 할 수 있다. 이미지 메이킹은 마음가짐, 가치관, 지식 정도, 교양 등과 같은 내적이미지와 화장, 헤어스타일, 의복, 행동 등과 같은 외적 이미지로 구성된다.

　미국의 사회심리학자인 앨버트 머레이비언은 의사소통에서 상대가 하는 말의 내용은 7%, 목소리, 억양 등 청각적 정보는 38%, 발표자의 태도나 표정, 옷차림 등 시각적 정보가 55%를 차지한다고 한다. 이는 상대방에게 호감을 주기 위해서는 시각적 정보를 잘 활용해야 한다는 의미로, 이를 면접상황에서 잘 활용할 필요가 있다.

　첫인상을 좋게 하기 위해서는 평소 표정관리에 신경을 써야 한다. 표정은 개인의 생각이나 심리상태 등을 나타내는 것으로 삶의 흔적을 엿볼 수 있다. 따라서 면접장에 들어갈 때에는 밝은 표정을 띠어 면접관에게 좋은 첫인상을 심어 줄 수 있다. 표정뿐만 아니라 매너라고 하는 태도도 중요하다. 면접장에 가볍게 인사를 한 후 입장을 하거나 착석을 하는 것, 착석 시 다리를 꼬지 않는 것, 면접 종료 후 면접장을 나오기 전 가볍게 목례를 하는 것 등이 이에 해당된다. 그리고 면접 시 말하는 속도, 말투와 같은 화법 연습도 필요하다.

2) 면접의 기술

면접은 입사를 위한 최종 관문이 된다. 기업에서는 각종 테스트를 거쳐 선발된 인재가 해당 기업에 적합한 인재인지를 확인하기 위해 면접이라는 장치를 두고 있다. 구직자 입장에서도 면접은 최종 관문으로 서류 과정을 통과했다는 자긍심을 가짐과 동시에 면접을 통해 채용담당자들에게 자신이 이 기업에 꼭 필요한 인재임을 보여 주어야 하는 자리이다. 면접을 통과하려면 철저한 준비가 필요하다.

면접을 어떻게 준비할 수 있을까? 첫째, 이력서와 자기소개서에 작성한 내용을 숙지해야 한다. 이력서와 자기소개서는 단지 입사지원 서류만의 의미를 가지는 것이 아니다. 대다수의 면접관들은 지원자의 이력서와 자기소개서의 내용을 바탕으로 지원자에게 질문을 한다. 따라서 자신이 작성한 이력서 및 자기소개서 내용과 면접 시 답변이 상이하다면, 신뢰를 얻지 못할 수 있다. 둘째, 지원회사에 대한 정보를 숙지해야 한다. 면접관은 지원자가 입사를 한다면 우리 회사에 적응을 잘할 수 있는 인재인가를 평가하고자 한다. 따라서 면접을 준비할 때 지원하는 회사가 어떤 일을 하고, 어떤 비전과 미션을 가지고 있는지를 알고 있으면 면접관의 질문을 예상하고 준비하는 데 용이할 수 있다. 셋째, 면접 경험자, 취업관련 웹사이트 등을 통해 면접에 필요한 정보를 수집한다. 주변 사람들을 통해 정보를 수집하는 것뿐만 아니라, 자신이 면접을 보고 난 후 면접노트를 작성해서 추후 또 다른 면접을 대비할 수 있다.

최근 면접 동향을 살펴보면, 정형화된 틀을 벗어나 문제해결능력을 중요하게 생각하는 추세로 변화하고 있다. 예전에는 다수의 면접관이 3명 내외의 지원자를 면접 평가하는 집단면접이 우세했다면 오늘날에는 토론면접, 압박면접, 프레젠테이션면접, 블라인드면접 등 회사마다 다양한 형식의 면접을 선택하고 있다. 따라서 지원자 입장에서는 지원한 기업의 면접 형태를 파악해서 면접을 준비하는 것도 중요하다.

그렇다면 면접 시 자주 묻는 질문에는 어떤 것이 있을까?

첫째, 1분 자기소개이다. 1분 자기소개가 별것 아닌 것처럼 느껴지지만, 앞서 말한 것처럼 첫인상을 좌우하는 질문이 되기도 한다. 자신의 강점, 목표 등을 자신의 경험과 함께 잘 표현할 수 있도록 준비되어 있어야 한다.

둘째, 지원 동기이다. 어린 시절부터 꿈이었다. 우연히 이런 곳을 알게 되었는데 좋아 보였다. 등과 같이 일반적인 답변은 임팩트가 약하다. 같은 이야기를 하더라도 자신의 경험을 중심으로 스토리텔링하는 것이 훨씬 더 강력한 지원동기로 느껴지게 된다.

셋째, 남들과 다른 나만의 경험이다. 자신을 드러낼 수 있는 중요한 질문으로 본인이 겪었던 특이했던 경험이 아니라 지원하고자 하는 회사 및 직무와 얼마나 맞닿아 있는지를 잘 표현해야 한다.

넷째, 마지막으로 하고 싶은 말이다. 대다수의 면접에서 빠뜨리지 않고 하는 질문이다. 이 질문에 대해 미리 준비하고 있지 않으면 마지막에 강렬한 인상을 줄 수 없을뿐더러, 처음에 좋은 인상을 주었다고 하더라도 준비가 부족하게 느껴질 수 있다. 마지막으로 하고 싶은 말은 면접 과정에서 발생되었던 의문사항이나, 평소 지원하는 회사에 대해 갖고 있었던 좋은 이미지 등을 질문을 통해 확인하는 것, 또는 입사 후 포부를 다시 한번 강조하는 것이 좋다.

면접은 입사지원 서류를 잘 준비하여 서류전형에 합격한 사람이 얻는 특권으로 그 기회를 잘 살려야 한다. 첫인상 관리부터 면접 내용에 대한 숙지까지 준비된 면접으로 입사를 위한 마지막 관문을 통과하여 본인이 희망한 직업을 얻음으로 성인기로의 전환에 첫 단추를 잘 채우길 당부한다.

읽기자료

첫인상을 관리하는 법칙

첫인상 법칙	내용
콘크리트 법칙	한번 결정된 첫인상은 쉽게 바꿀 수 없다.
부정성의 법칙	부정적인 특징이 긍정적인 것보다 인상 형성에 더 강력하게 적용한다.
거울 법칙	거울은 결코 먼저 웃어 주지 않는다. 즉, 먼저 환하게 웃어 주고 먼저 인사하라.
본뜨기 법칙	존경하는 사람의 모습을 따라하면 그 사람과 좋은 관계를 형성하는 데 도움이 된다.
초두 효과	먼저 들어온 정보가 나중에 들어온 정보보다 인상 형성에 더 큰 영향을 미친다.
맥락 효과	처음에 제시되었던 정보가 나중에 들어오는 정보의 처리지침을 만들고 전반적인 맥락을 형성한다.
빈발 효과	같은 사람이 어떤 특징을 반복적으로 나타낼 때 반복되는 특징 쪽으로 인상을 변화시킨다.
평판 이론	타인을 평가할 때 노력을 덜 기울이고 평가하려고 하기 때문에 타인의 평가나 판단에 귀를 기울인다.
후광 효과	어떤 사람이 가지고 있는 정보가 그 사람의 성격을 파악하는 데 영향을 미친다.

* 출처: 윤옥한(2019). (4차 산업혁명시대를 대비한) 인생 설계와 직업·진로 탐색. 경기: 양서원.

[활동지 13-3]

나의 이미지 진단

※ 다음은 정답이 없는 질문지입니다. 다음 질문에 솔직히 답해 주세요.

[A형]: 내적 이미지

문항	질문	해당 된다	해당되지 않는다
1	나는 나 자신을 좋아하고 어디서든 당당하다.	1	0
2	나는 긍정적이고 적극적인 성향이다.	1	0
3	나는 인생의 뚜렷한 비전과 목표가 있다.	1	0
4	나는 상대방과 의견이 달라도 의견 차이를 인정하고 입장을 바꿔 생각하는 편이다.	1	0
5	나는 상대방이 자신을 어떻게 생각할까를 많이 의식하는 편이다.	0	1
6	나는 이성적이다.	1	0
7	나는 이해력과 판단력이 빠른 편이다.	1	0
8	나는 무력감과 우울증에서 잘 벗어날 수 있다.	1	0
9	나는 자기개발과 관련된 서적을 즐겨 읽는다.	1	0
10	나는 연극, 음악회 등의 다양한 문화 행사에 적극적으로 참여하는 편이다.	1	0
11	나는 스트레스가 쌓이면 취미 생활로 극복하는 편이다.	1	0
12	나는 매일 짧게라도 명상이나 기도를 한다.	1	0
13	나는 타인에 대한 호기심이 많고 사람들을 만나는 것을 좋아한다.	1	0
14	나는 남의 말을 경청하는 편이고 대인관계가 원만한 편이다.	1	0
15	나는 다른 사람들에게 말한 약속은 반드시 지키기 위해 노력한다.	1	0
16	나는 시간 약속을 잘 지킨다.	1	0
17	나는 생각하고 고민하기보다 행동으로 실천하는 편이다.	1	0
18	나는 다른 사람들에게 인사성이 좋고 친절하다.	1	0
19	나는 의미 없는 만남을 싫어하는 현실적인 성격이다.	1	0
20	나는 하루 대여섯 시간 정도 수면을 취한다.	1	0
21	나는 다른 사람을 잘 배려하는 편이다.	1	0
22	나는 심심하고 무료한 시간을 잘 느끼지 못하며, 해야 할 일이 항상 많다.	1	0
23	나는 롤 모델이 있다.	1	0
24	나는 미래의 성공 이미지를 자주 그린다.	1	0
25	나는 내면적으로 성숙하다는 소리를 자주 듣는 편이다.	1	0

[B형]: 외적 이미지

문항	질문	해당 된다	해당되지 않는다
1	나는 나의 외모에 만족하는 편이다.	1	0
2	나는 타인들로부터 표정이 밝다는 말을 자주 듣는다.	1	0
3	나는 사진 찍는 것을 좋아한다.	1	0
4	나는 거울 보기를 좋아한다.	1	0
5	나는 외출 시 복장에 신경을 쓰는 편이다.	1	0
6	나는 당황하거나 실수했을 때 웃음으로 위기를 모면한다.	1	0
7	나는 자신보다 매력적인 사람을 만나면 그 사람의 외모를 유심히 관찰한다.	1	0
8	나는 주위 사람들의 시선을 은근히 즐긴다.	1	0
9	나는 화장을 자연스럽게 잘하는 편이다.	1	0
10	나는 머리 염색은 튀는 컬러보다는 자연스러운 머리색을 선호한다.	1	0
11	나는 얼굴에 트러블이 생기면 피부과에서 치료를 받는다.	1	0
12	나는 체중이 늘어나면 곧바로 다이어트에 들어간다.	1	0
13	나는 나의 피부색에 어울리는 컬러를 알고 있다.	1	0
14	나는 나의 체형의 결점을 커버하는 패션 감각을 가지고 있다.	1	0
15	나는 튀는 패션 컬러는 별로 좋아하지 않는다.	1	0
16	나는 때와 장소에 맞게 옷을 입을 줄 안다.	1	0
17	나는 나를 꾸미는 여러 종류의 소품들을 가지고 있다.	1	0
18	나는 때에 따라 향수를 뿌리기도 한다.	1	0
19	나는 노출의 계절인 여름이 겨울보다 좋다.	1	0
20	나는 정중하고 세련된 인사법을 알고 있다.	1	0
21	나는 어느 누구를 만나도 악수를 당당하게 할 수 있다.	1	0
22	나는 자세가 반듯하다.	1	0
23	나는 걸음걸이가 활발하고 씩씩하다.	1	0
24	나는 신체언어를 잘 표현한다.	1	0
25	나는 당당히 걷는 것을 좋아한다.	1	0

※ 결과 그래프 그리기

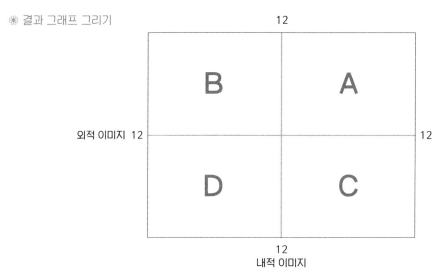

* 출처: 윤옥한(2019). (4차 산업혁명시대를 대비한) 인생설계와 직업 · 진로 탐색. 경기: 양서원.

※ 결과 그래프 해석

	12	
B 외적 이미지는 높으나 내적 이미지가 낮은 사람 매너, 겸손, 신뢰 등 내적 이미지를 높일 때 더욱 매력적인 사람이 될 수 있음		**A** 내적 · 외적 이미지가 모두 매력적인 사람 자신만의 개성을 개발하면 더욱 매력적인 사람이 될 수 있음
D 내적 · 외적 이미지가 모두 낮은 사람 자신감 없고 소극적인 태도에서 벗어나 자신의 외적 · 내적 이미지 개선을 위해 노력하면 더욱 매력적인 사람이 될 수 있음		**C** 내적 이미지는 높으나 외적 이미지가 낮은 사람 외적 이미지 관리에 조금 더 신경을 쓴다면 더욱 매력적인 사람이 될 수 있음

외적 이미지 12 ─────────────── 12

12
내적 이미지

※ 참고: 윤옥한(2019). 인생설계와 직업 · 진로 탐색. 양서원.

※ 활동 후 성찰

활동 후 소감

MEMO

MEMO

MEMO

MEMO

강혜영, 정태종(2017). 대졸자의 대학 전공선택동기와 전공선택후회에 따른 특성 차이: 대학생
　　활, 취업목표, 첫 일자리 만족을 중심으로. 실천공학교육논문지, 9(2), 155-165.

고향자(1992). 한국대학생의 의사결정 유형과 진로결정수준의 분석 및 진로결정 상담의 효과. 박사학위논
　　문. 숙명여자대학교.

김동규, 김중진, 김한준, 최영순, 최재현(2017). 4차 산업혁명 미래 일자리 전망. 충북: 한국고용정
　　보원.

김미경(2013). 전문대학생 진로탄력성 척도 개발. 박사학위논문. 경북대학교.

김미옥, 김서영, 최정아(2019). 자기계발과 인생설계. 서울: 학지사.

김봉환(1997). 대학생의 진로결정 수준과 진로준비 행동의 발달 및 이차원적 유형화. 박사학위논
　　문. 서울대학교.

김은영(2001). 한국 대학생 진로탐색장애검사(KCBI)의 개발 및 타당화 연구. 박사학위논문. 이
　　화여자대학교.

김인기(2019). 진로탐색과 미래설계: 행복한 삶을 위한 준비. 경기: 양서원.

김혜선, 이지하 양민옥(2014). 한국에서 대학생으로 살아가기에 관한 고찰. 디지털융복합연구,
　　12(11), 565-574.

박선희, 김선환(2014). ADDIE 모형기반의 진로교육 교과목 개발. 학습과학연구, 8(2), 130-152.

유희영, 오윤정(2019). 대학생의 진로 및 진로교육 관련 국내 연구 동향 네트워크 분석. 학습자중
　　심교과교육연구, 19(17), 1023-1045.

윤옥한(2019). (4차 산업혁명시대를 대비한) 인생 설계와 직업·진로 탐색. 경기: 양서원.

이의용(2018). 대학생 인생설계 워크북. 서울: 학지사.

임경희, 김수리, 김진희, 문승태, 박미진(2020). 직업기초능력 향상을 위한 자기개발과 진로설계(2판).
　　서울: 학지사.

전미리, 김봉환(2015). 대학생의 진로결정수준에 대한 성격 5요인과 인지·행동적 변인의 영향. 진
　　로교육연구, 28(4), 41-57.

정지은(2013). 대학생의 진로적응성과 사회적지지, 자아존중감 및 자기주도학습의 인과적 관계.
　　석사학위논문. 서울대학교.

한미희(2011). 대학생을 위한 진로교육 교과목의 개발 및 효과. 진로교육연구, 24(2), 95-113.

황매향, 김연진, 이승구, 전방연(2020). 진로탐색과 생애설계: 꿈을 찾아가는 포트폴리오. 서울: 학지사.

황지영(2015). 대학생의 진로준비행동과 관련 변인들 간의 구조적 관계. 박사학위논문. 계명대학교.

Betz, N. E., & Hackett, G. (2006). Career self-efficacy theory: Back to the future. *Journal of Career Assessment, 14*(1), 3-11.

Gati, I., Krausz, M., & Osipow, S. H. (1996). A Taxonomy of Difficulties in Career Decision Making. *Journal of counseling psychology, 43*(4), 510-526.

Harren, V. A. (1984). *Assessment of career decision making*. Los Angeles: Western Psychological Services, 1-6.

Hartman, B. W., Fuqua, D. R., & Hartman, P. T. (1983). The predictive potential of the Career Decision Scale in identifying chronic career indecision. *Vocational Guidance Quarterly, 31*, 103-108.

Holland, J. J., Gottfredson, D. C., & Power, P. G. (1980). Some diagnostic scales for research in indecision making and personality: Identity, information, and barriers. *Journal of Personality and Social Psychology, 39*(6), 1191-1200.

Taylor, K. M., & Popma, J. (1990). An examination of the relationships among career decision-making self-efficacy, career salience, locus of control, and vocational indecision. *Journal of Vocational Behavior, 37*, 17-31, 1990.

저자 소개

조설희(Cho Seolhui) 계명대학교 교육학 박사(교육상담 전공)

　　　　　　　　　　전) 영남대학교 의과대학 의학교육학교실 연구조교수

　　　　　　　　　　　　대구한의대학교 교수학습센터 연구교원

　　　　　　　　　　　　세이브더칠드런 팀장(심리상담센터)

　　　　　　　　　　　　대구한의대학교 학생생활상담실 상담원

　　　　　　　　　　현) 경일대학교 미래융합대학 평생교육컨설팅학부 조교수

　　　　　　　　　　　　한국청소년상담학회 학술이사

　　　　　　　　　　　　대구지방교정청 교정자문위원

대학생을 위한 자기이해 및 진로개발 탐험서

신인재의 진로 찾기
Finding the Career Path for University Students

2021년 8월 20일 1판 1쇄 인쇄
2021년 8월 25일 1판 1쇄 발행

지은이 • 조설희
펴낸이 • 김진환
펴낸곳 • (주) **학지사**

04031 서울특별시 마포구 양화로 15길 20 마인드월드빌딩
대표전화 • 02)330-5114   팩스 • 02)324-2345
등록번호 • 제313-2006-000265호

홈페이지 • http://www.hakjisa.co.kr
페이스북 • https://www.facebook.com/hakjisabook

ISBN 978-89-997-2483-1 93370

정가 14,000원

출판 · 교육 · 미디어기업 **학지사**

간호보건의학출판 **학지사메디컬** www.hakjisamd.co.kr
심리검사연구소 **인싸이트** www.inpsyt.co.kr
학술논문서비스 **뉴논문** www.newnonmun.com
교육연수원 **카운피아** www.counpia.com